Level
2

초등영문법
문장
의
원리

구성과 특징

▶ 영어 문장의 구성 원리를 깨우치는 5단계 학습

〈초등영문법 문장의 원리〉는 초등학생이 알아야 할 문장의 기본 원리를 담은 책이에요.
〈문장의 기본 원리 학습 ➡ Quiz로 확인하기 ➡ 문장의 빈칸 채우기 ➡ Review Test로 확인하기 ➡ 통문장 쓰기〉의
5단계로 학습해요. 기본 개념 익히기에서 통문장 만들기까지 자연스럽게 영어 실력을 쌓아보세요!

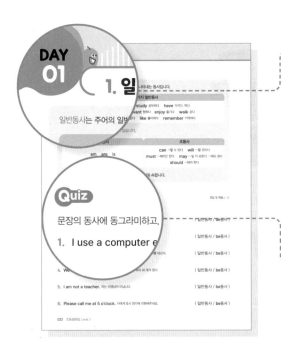

1 Basic Principle

문장의 기본 원리 익히기

초등학생이 알아야 할 영어 문장의 기본 원리를 담았어요.
쉬운 설명으로 중요한 내용을 한눈에 이해할 수 있어요!

2 Quick Check

Quiz로 개념 이해 확인하기

Quiz로 기본 원리를 잘 이해했는지 확인할 수 있어요.
영어가 어렵거나 재미없다고 생각하지 않도록 쉬운 문제들로 구성했으니, 한 문제 한 문제 차근차근 풀어보세요!

3 Simple Writing

간단한 쓰기로 실력 Build up!

공부한 원리로 문장이 어떻게 만들어지는지 살짝 맛볼 수 있어요.
이렇게 조금씩 조금씩 통문장을 쓸 준비를 해나가는 거예요!

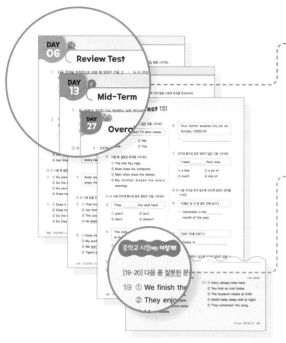

4 Multiple Check

다양한 테스트로 탄탄한 실력 Up!

• Review Test 8회 ➡ Mid-Term과 Finals ➡ Overall Test 3회
다양한 테스트를 통해 문장의 기본 원리를 빈틈없이 복습할 수 있어요.
반복으로 다진 탄탄한 실력이 영어에 대한 자신감을 높여준답니다!

▶ 중학교 시험에는 이렇게!

실제 중학교에서 출제된 문제 유형을 살펴볼 수 있어요.
중학교 시험 문제를 풀어보며 도전 의식도 기르고, 공부의 방향도 점검해
보세요.

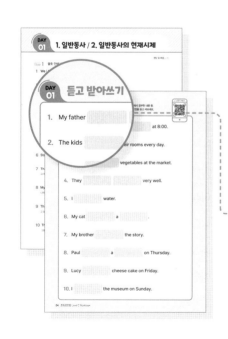

5 Making Sentences

통문장 만들기 도전!

본책에서 공부한 원리가 문장에서 어떻게 적용되어 쓰이는지 익혀
보세요.
처음부터 바로 통문장을 쓰기보다는 〈원리 재확인 문제 ➡ 빈칸 채우
기 또는 틀린 곳 고쳐쓰기 ➡ 배열하기 ➡ 통문장 쓰기〉의 기본 과정
을 거치며 차츰 통문장 쓰기에 도전할 수 있어요!

▶ 듣고 받아쓰기

Chapter가 끝나면 10문장을 듣고 받아쓰기를 해보세요.
초등 필수 영단어, 잘못 듣기 쉬운 단어, 덩어리로 쓰이는 표현 등을 듣
고 쓰면서 Chapter 학습을 완벽히 마무리할 수 있어요.

▶ Level 2

차례 😊

▶ 초등영문법 문장의 원리 LEVEL 1, 3, 4에서 공부하는 내용

LEVEL 1	LEVEL 3	LEVEL 4
1. 문장의 구성	1. 의문문(1)	1. 과거진행형
2. 명사(1)	2. 의문문(2)	2. 미래(1)
3. 명사(2)	3. There is ~ / There are ~	3. 미래(2)
4. 관사	4. be동사의 과거	4. 비교급
5. 대명사(1)	5. 일반동사의 과거	5. 최상급
6. 대명사(2)	6. 조동사(1)	6. 접속사
7. be동사(1)	7. 조동사(2)	7. 부가의문문
8. be동사(2)	8. 명령문, 청유문, 감탄문	8. 다양한 의미의 It is ~

학습 계획표

DAY	Chapter	학습 내용	학습 날짜
DAY 01		1 일반동사 ｜ 2 일반동사의 현재시제	/
DAY 02	1. 일반동사(1)	3 주어와 일반동사(1) ｜ 4 주어와 일반동사(2)	/
DAY 03		Review Test ｜ Word Review	/
DAY 04		1 일반동사 부정문(1) ｜ 2 일반동사 부정문(2)	/
DAY 05	2. 일반동사(2)	3 일반동사 의문문 ｜ 4 일반동사 의문문에 대답하기	/
DAY 06		Review Test ｜ Word Review	/
DAY 07		1 형용사란 ｜ 2 수량을 나타내는 형용사	/
DAY 08	3. 형용사	3 형용사가 명사를 꾸밀 때 ｜ 4 형용사가 주어를 설명할 때	/
DAY 09		Review Test ｜ Word Review	/
DAY 10		1 기수 ｜ 2 서수	/
DAY 11	4. 기수와 서수	3 숫자, 전화번호, 화폐 읽는 법 ｜ 4 연도, 월, 일 읽는 법	/
DAY 12		Review Test ｜ Word Review	/
DAY 13	Mid-Term		/
DAY 14		1 some과 any(1) ｜ 2 some과 any(2)	/
DAY 15	5. some, any, every, all	3 every ｜ 4 all	/
DAY 16		Review Test ｜ Word Review	/
DAY 17		1 부사의 형태 ｜ 2 부사의 역할과 의미	/
DAY 18	6. 부사	3 빈도부사	/
DAY 19		Review Test ｜ Word Review	/
DAY 20		1 현재진행형 ｜ 2 -ing 만드는 법	/
DAY 21	7. 현재진행형	3 현재진행형 부정문 ｜ 4 현재진행형 의문문	/
DAY 22		Review Test ｜ Word Review	/
DAY 23		1 전치사(위치) ｜ 2 전치사(방향)	/
DAY 24	8. 전치사	3 전치사(시간) ｜ 4 그 밖의 전치사	/
DAY 25		Review Test ｜ Word Review	/
DAY 26	Finals		/
DAY 27	Overall Test 1회		/
DAY 28	Overall Test 2회		/
DAY 29	Overall Test 3회		/

초등 필수 영단어 800

🎧 듣기 MP3

다음은 교육부가 지정한 800개의 초등 필수 영단어입니다.
본 교재를 학습하기 전 본인의 어휘 실력을 체크한 후, 모르는 단어는 반드시 익히도록 하세요!

No. 1 ~ 250 난이도 ★

1	a	하나의	☐	27	boat	배	☐
2	after	~후에, ~뒤에	☐	28	body	몸, 신체	☐
3	air	공기	☐	29	book	책	☐
4	and	그리고	☐	30	boot(s)	부츠, 장화	☐
5	ant	개미	☐	31	boy	소년	☐
6	apple	사과	☐	32	bread	빵	☐
7	arm	팔	☐	33	brother	남자형제(형, 남동생, 오빠)	☐
8	aunt	이모, 고모	☐	34	brown	갈색; 갈색의	☐
9	baby	아기	☐	35	bug	벌레, 곤충	☐
10	back	뒤, 등; 뒤쪽의; 뒤로	☐	36	busy	바쁜	☐
11	bad	나쁜	☐	37	but	그러나	☐
12	ball	공	☐	38	button	단추	☐
13	balloon	풍선	☐	39	buy	사다	☐
14	basket	바구니	☐	40	can	~할 수 있다, ~해도 된다	☐
15	bat	박쥐	☐	41	candy	사탕	☐
16	be	~이다, (~에) 있다	☐	42	cap	모자	☐
17	bear	곰	☐	43	car	자동차	☐
18	bed	침대	☐	44	carrot	당근	☐
19	bedroom	침실	☐	45	cat	고양이	☐
20	bee	벌	☐	46	chair	의자	☐
21	bell	종	☐	47	circle	원	☐
22	big	큰, 중요한	☐	48	clean	청소하다; 깨끗한	☐
23	bird	새	☐	49	clock	시계	☐
24	birthday	생일	☐	50	close	닫다; 가까운	☐
25	black	검은색; 검은	☐	51	cloud	구름	☐
26	blue	파란색; 파란	☐	52	cold	추운, 차가운	☐

53	color	색깔	☐
54	come	오다	☐
55	cook	요리하다; 요리사	☐
56	cookie	쿠키, 과자	☐
57	cool	서늘한, 멋진	☐
58	cow	젖소, 소	☐
59	crown	왕관	☐
60	cry	울다, 외치다	☐
61	cute	귀여운	☐
62	dad	아빠	☐
63	dance	춤추다; 춤	☐
64	day	날, 하루, 낮	☐
65	desk	책상	☐
66	dish	접시	☐
67	do	하다	☐
68	doctor	의사, 박사	☐
69	dog	개	☐
70	doll	인형	☐
71	dolphin	돌고래	☐
72	door	문	☐
73	down	아래에, 아래로	☐
74	drink	마시다; 음료수	☐
75	drive	운전하다	☐
76	duck	오리	☐
77	ear	귀	☐
78	earth	지구	☐
79	easy	쉬운	☐
80	egg	달걀, 알	☐
81	elephant	코끼리	☐
82	eraser	지우개	☐

83	eye	눈	☐
84	face	얼굴	☐
85	family	가족	☐
86	fan	부채, 선풍기	☐
87	fast	빠른; 빨리	☐
88	fat	뚱뚱한; 지방	☐
89	father	아버지	☐
90	finger	손가락	☐
91	finish	마치다	☐
92	fire	불	☐
93	fish	물고기	☐
94	flag	깃발	☐
95	flower	꽃	☐
96	fly	날다; 파리	☐
97	fog	안개	☐
98	food	음식, 식품	☐
99	foot	발	☐
100	fox	여우	☐
101	friend	친구	☐
102	frog	개구리	☐
103	front	앞	☐
104	ghost	유령	☐
105	girl	소녀	☐
106	go	가다	☐
107	gold	금	☐
108	good	좋은	☐
109	grape	포도	☐
110	green	녹색; 녹색의	☐
111	gray/grey	회색; 회색의	☐
112	hair	머리카락, 털	☐

113	hand	손	☐	143	look	보다	☐
114	handsome	잘생긴	☐	144	love	사랑하다, 매우 좋아하다	☐
115	happy	행복한	☐	145	make	만들다	☐
116	hat	모자	☐	146	man	남자, 사람	☐
117	have	가지다	☐	147	map	지도	☐
118	he	그는	☐	148	milk	우유	☐
119	head	머리	☐	149	mirror	거울	☐
120	hello	안녕하세요	☐	150	money	돈	☐
121	help	돕다; 도움	☐	151	monkey	원숭이	☐
122	home	집; 집의; 집에	☐	152	moon	달	☐
123	honey	꿀	☐	153	mother	어머니	☐
124	horse	말	☐	154	mouse	쥐	☐
125	hot	뜨거운, 더운	☐	155	mouth	입	☐
126	house	집	☐	156	music	음악	☐
127	I	나는	☐	157	name	이름	☐
128	ice	얼음	☐	158	neck	목	☐
129	in	~안에	☐	159	no	없다, 아니다	☐
130	it	그것은, 그것을	☐	160	nose	코, 후각	☐
131	key	열쇠	☐	161	not	~않다, 아니다	☐
132	kid	아이, 어린이	☐	162	old	나이든, 오래된, 낡은	☐
133	king	왕	☐	163	on	~위에	☐
134	kitchen	부엌	☐	164	one	하나	☐
135	knife	칼	☐	165	open	열다	☐
136	lake	호수	☐	166	pants	바지	☐
137	leg	다리	☐	167	park	공원	☐
138	like	좋아하다	☐	168	pig	돼지	☐
139	lion	사자	☐	169	pink	분홍색; 분홍색의	☐
140	lip	입술	☐	170	play	놀다, 연주하다, 경기하다	☐
141	long	긴; 오래	☐	171	potato	감자	☐
142	little	작은, 약간의	☐	172	puppy	강아지	☐

173	queen	여왕	☐
174	rabbit	토끼	☐
175	rain	비; 비가 오다	☐
176	rainbow	무지개	☐
177	red	붉은색; 붉은	☐
178	ring	반지	☐
179	river	강	☐
180	road	도로, 길	☐
181	rock	바위	☐
182	room	방	☐
183	run	달리다	☐
184	sad	슬픈	☐
185	say	말하다	☐
186	school	학교	☐
187	scissors	가위	☐
188	sea	바다	☐
189	see	보다	☐
190	she	그녀는	☐
191	shoe	신발	☐
192	short	짧은, 키가 작은	☐
193	shop	가게	☐
194	sing	노래하다	☐
195	sister	여자형제(여동생, 언니, 누나)	☐
196	sit	앉다	☐
197	skirt	치마	☐
198	sky	하늘	☐
199	sleep	자다	☐
200	slow	느린; 느리게	☐
201	small	작은, 소규모의	☐
202	smart	똑똑한	☐

203	smell	냄새; 냄새맡다	☐
204	smile	미소; 미소짓다	☐
205	snow	눈; 눈이 내리다	☐
206	sock	양말	☐
207	son	아들	☐
208	song	노래, 곡	☐
209	spoon	숟가락	☐
210	stop	멈추다, 중단하다	☐
211	strawberry	딸기	☐
212	strong	강한, 튼튼한, 힘센	☐
213	student	학생	☐
214	study	공부하다	☐
215	sun	태양, 해	☐
216	swim	수영하다	☐
217	table	탁자	☐
218	tall	키가 큰	☐
219	they	그들은, 그것들은	☐
220	this	이것; 이	☐
221	tiger	호랑이	☐
222	time	시간	☐
223	today	오늘	☐
224	tooth	이, 이빨	☐
225	top	위쪽의, 최고인; 꼭대기	☐
226	tower	탑, 타워	☐
227	town	마을, 도시	☐
228	toy	장난감	☐
229	tree	나무	☐
230	umbrella	우산	☐
231	uncle	삼촌, 아저씨	☐
232	under	~아래에	☐

233	up	～위에; 위로	☐	260	answer	대답하다; 대답	☐

233	up	～위에; 위로	☐
234	very	매우, 아주	☐
235	wash	씻다, 세탁하다	☐
236	water	물	☐
237	watermelon	수박	☐
238	we	우리는	☐
239	weather	날씨	☐
240	wet	젖은, 축축한	☐
241	white	흰 색; 하얀	☐
242	wind	바람, 풍력	☐
243	window	창문, 창	☐
244	woman	여성, 여자	☐
245	yellow	노란색; 노란색의	☐
246	yes	네	☐
247	you	너는, 너희는, 너를, 너희를	☐
248	young	젊은, 어린	☐
249	zebra	얼룩말	☐
250	zoo	동물원	☐

No. 251 ~ 500 난이도 ★★

251	A.M./a.m.	오전	☐
252	about	～에 대하여	☐
253	afternoon	오후	☐
254	age	나이	☐
255	airplane	비행기	☐
256	airport	공항	☐
257	all	모든; 모두	☐
258	angel	천사	☐
259	animal	동물	☐

260	answer	대답하다; 대답	☐
261	art	예술, 미술	☐
262	ask	묻다, 요청하다	☐
263	bake	굽다	☐
264	bank	은행	☐
265	baseball	야구	☐
266	basketball	농구	☐
267	bath	목욕	☐
268	bathroom	욕실, 화장실	☐
269	beach	해변, 바닷가	☐
270	bean	콩	☐
271	because	～때문에	☐
272	beef	소고기	☐
273	before	～전에; 이전에	☐
274	bell	종	☐
275	bicycle	자전거	☐
276	blood	혈액, 피	☐
277	bone	뼈	☐
278	bottle	병	☐
279	brain	뇌, 두뇌	☐
280	brave	용감한	☐
281	breakfast	아침 식사	☐
282	brush	솔질[칫솔질]하다; 붓	☐
283	bubble	거품, 기포	☐
284	cage	(동물) 우리	☐
285	call	부르다, 전화하다	☐
286	captain	선장, 우두머리	☐
287	cart	수레	☐
288	castle	성, 저택	☐
289	catch	잡다	☐

290	change	변화; 바꾸다	☐
291	check	확인하다, 점검하다	☐
292	child	아이, 아동	☐
293	choose	선택하다, 고르다	☐
294	church	교회	☐
295	city	도시	☐
296	class	수업, 강의	☐
297	classroom	교실	☐
298	cloth	천, 옷감 *cf.)* clothes 옷	☐
299	cousin	사촌, 친척	☐
300	curtain	커튼, 막	☐
301	cut	자르다	☐
302	dark	어두운	☐
303	daughter	딸	☐
304	deep	깊은; 깊이	☐
305	desk	책상	☐
306	dinner	저녁 식사	☐
307	dirty	더러운, 지저분한	☐
308	east	동쪽	☐
309	end	종료; 끝나다	☐
310	enjoy	즐기다, 누리다	☐
311	evening	저녁; 저녁의	☐
312	every	모든, ～마다	☐
313	fall	가을; 떨어지다	☐
314	far	먼; 멀리	☐
315	farm	농장	☐
316	feel	느끼다	☐
317	fight	싸우다; 싸움	☐
318	find	찾다	☐
319	fine	좋은	☐

320	football	축구, 미식축구	☐
321	fresh	신선한	☐
322	fruit	과일, 열매	☐
323	full	가득 찬, 배부른	☐
324	fun	재미있는, 즐거운	☐
325	future	미래	☐
326	garden	정원	☐
327	gate	정문	☐
328	gentleman	신사	☐
329	get	얻다, 받다	☐
330	giant	거대한; 거인	☐
331	gift	선물	☐
332	give	주다, 전하다	☐
333	glass	유리 *cf.)* glasses 안경	☐
334	glove	장갑(한 쪽)	☐
335	glue	풀, 접착제; 붙이다	☐
336	god	신, 하느님	☐
337	goodbye	작별인사, 안녕	☐
338	grandfather	할아버지	☐
339	grass	풀, 잔디	☐
340	great	위대한, 큰	☐
341	ground	땅	☐
342	group	그룹, 단체	☐
343	grow	성장하다, 자라다	☐
344	guy	사람, 남자	☐
345	heart	심장, 마음	☐
346	heaven	천국, 하늘	☐
347	heavy	무거운	☐
348	helicoper	헬기	☐
349	here	여기에, 이곳에	☐

350	hero	영웅, 주인공	☐	380	live	살다	☐
351	high	높은; 높이	☐	381	living room	거실	☐
352	hill	언덕, 산	☐	382	low	낮은	☐
353	holiday	휴일, 명절	☐	383	lunch	점심 식사	☐
354	homework	숙제, 과제	☐	384	mad	화난, 미친	☐
355	honey	꿀	☐	385	mail	우편, 메일	☐
356	hospital	병원	☐	386	many	많은	☐
357	how	어떻게, 얼마나	☐	387	meat	고기, 육류	☐
358	human	인간, 사람	☐	388	meet	만나다	☐
359	hundred	100(백)	☐	389	mind	마음, 생각	☐
360	hungry	배고픈	☐	390	miss	놓치다, 그리워하다	☐
361	hunt	사냥하다	☐	391	month	달, 개월	☐
362	husband	남편	☐	392	morning	아침, 오전	☐
363	idea	생각, 아이디어	☐	393	mountain	산	☐
364	jeans	청바지	☐	394	movie	영화	☐
365	joy	기쁨, 즐거움	☐	395	much	많은; 매우, 정말	☐
366	kick	차다	☐	396	museum	박물관	☐
367	kill	죽이다	☐	397	need	필요하다	☐
368	kind	친절한; 종류	☐	398	new	새로운	☐
369	know	알다	☐	399	newspaper	신문	☐
370	lady	여성, 부인	☐	400	next	다음의	☐
371	land	땅, 토지	☐	401	nice	멋진, 좋은	☐
372	late	늦은; 늦게	☐	402	night	밤, 저녁	☐
373	left	왼쪽; 왼쪽의	☐	403	north	북쪽	☐
374	lesson	교훈, 수업	☐	404	now	지금, 이제	☐
375	letter	편지, 글자	☐	405	number	수, 숫자	☐
376	library	도서관	☐	406	nurse	간호사	☐
377	light	빛, 전등	☐	407	of	~의	☐
378	line	선	☐	408	oil	석유, 기름	☐
379	listen	(귀기울여) 듣다	☐	409	or	또는	☐

410	out	밖에	☐
411	P.M./p.m.	오후	☐
412	paint	그리다, 칠하다	☐
413	palace	궁전, 왕실	☐
414	paper	종이	☐
415	parent	부모(한 쪽)	☐
416	pear	배	☐
417	pencil	연필	☐
418	people	사람들	☐
419	picnic	소풍	☐
420	picture	사진, 그림	☐
421	place	장소	☐
422	please	제발, 부디	☐
423	pocket	주머니, 호주머니	☐
424	police	경찰	☐
425	power	힘	☐
426	pretty	예쁜	☐
427	prince	왕자	☐
428	put	놓다, 넣다	☐
429	read	읽다, 독서하다	☐
430	ready	준비된	☐
431	restaurant	식당	☐
432	restroom	화장실	☐
433	right	오른쪽; 오른쪽의; 권리	☐
434	roof	지붕, 옥상	☐
435	salt	소금	☐
436	sand	모래	☐
437	ship	배, 선박	☐
438	size	크기	☐
439	soccer	축구	☐

440	soft	부드러운	☐
441	some	일부, 몇몇	☐
442	sorry	미안한	☐
443	south	남쪽; 남쪽의	☐
444	stand	서다	☐
445	start	시작하다	☐
446	stone	돌	☐
447	store	가게	☐
448	story	이야기, 줄거리	☐
449	street	거리, 길	☐
450	subway	지하철	☐
451	sugar	설탕, 당분	☐
452	tail	꼬리	☐
453	take	(시간이) 걸리다, 가져가다, 데려가다	☐
454	talk	말하다	☐
455	taste	맛보다	☐
456	teach	가르치다, 알려주다	☐
457	telephone	전화기	☐
458	tell	말하다, 이야기하다	☐
459	test	시험, 실험	☐
460	thank	감사하다	☐
461	that	저것은; 저	☐
462	the	그	☐
463	there	그곳에, 저기에	☐
464	think	생각하다	☐
465	to	~에, ~까지	☐
466	tomorrow	내일, 미래	☐
467	too	또한	☐
468	touch	만지다	☐
469	triangle	삼각형	☐

470	true	진짜의, 진정한	☐
471	ugly	추한, 보기 흉한	☐
472	understand	이해하다	☐
473	use	이용하다, 사용하다; 이용	☐
474	vegetable	채소	☐
475	visit	방문하다	☐
476	wait	기다리다	☐
477	wake	깨다	☐
478	walk	걷다	☐
479	wall	벽, 벽면	☐
480	want	원하다	☐
481	watch	(집중해서) 보다; 손목 시계	☐
482	wear	입다, 착용하다	☐
483	wedding	결혼, 결혼식	☐
484	week	주, 일주일	☐
485	weekend	주말	☐
486	west	서쪽; 서쪽의	☐
487	what	무엇	☐
488	when	언제	☐
489	where	어디에	☐
490	who	누구	☐
491	why	왜	☐
492	wife	아내, 부인	☐
493	will	~할 것이다	☐
494	win	우승하다, 이기다	☐
495	with	~와 함께	☐
496	woman	여성, 여자	☐
497	wood	목재, 나무	☐
498	work	일하다	☐
499	write	쓰다, 적다	☐

500	year	년도, 해	☐

No. 501 ~ 670 난이도 ★★★

501	act	행동하다; 행동	☐
502	afraid	두려운, 염려하는	☐
503	alone	혼자, 홀로	☐
504	along	~을 따라서	☐
505	anger	분노, 화	☐
506	another	또 하나의, 다른	☐
507	any	어떤	☐
508	area	지역	☐
509	around	주변에, 주위에	☐
510	arrive	도착하다	☐
511	at	(장소·시간) ~에	☐
512	away	멀리 떨어져	☐
513	band	악단	☐
514	battery	건전지	☐
515	beauty	아름다움, 미인	☐
516	become	~이 되다	☐
517	begin	시작하다	☐
518	behind	~뒤에	☐
519	believe	믿다, 생각하다	☐
520	below	아래에	☐
521	beside	곁에	☐
522	between	~사이에	☐
523	bomb	폭탄	☐
524	boss	사장, 상사	☐
525	both	둘 다; 양쪽의	☐
526	bottom	바닥, 아래	☐

527	bowl	(오목한) 그릇	☐
528	brake	브레이크, 제동 (장치)	☐
529	branch	나뭇가지	☐
530	brand	브랜드, 상표	☐
531	break	깨뜨리다; 휴식	☐
532	bridge	다리	☐
533	bright	밝은, 영리한	☐
534	bring	가져오다	☐
535	build	짓다, 만들다	☐
536	burn	타다	☐
537	care	보살피다, 마음 쓰다	☐
538	carry	나르다, 가지고 다니다	☐
539	cash	현금, 돈	☐
540	cheap	싼, 저렴한	☐
541	cinema	영화관, 영화	☐
542	clever	똑똑한, 영리한	☐
543	climb	오르다, 등산하다	☐
544	club	동아리	☐
545	coin	동전	☐
546	comedy	코메디, 희극	☐
547	concert	콘서트, 공연	☐
548	contest	대회	☐
549	corner	구석, 모퉁이	☐
550	could	~할 수 있었다 *cf.*) could I ~? ~해도 될까요? / could you ~? ~해 주시겠어요?	☐
551	country	나라, 국가	☐
552	couple	부부, 커플	☐
553	crazy	미친	☐
554	cross	건너다	☐
555	culture	문화	☐

556	curious	호기심이 있는, 궁금한	☐
557	date	날짜, 데이트	☐
558	dead	죽은	☐
559	death	죽음, 사망	☐
560	decide	결정하다	☐
561	delicious	맛있는	☐
562	dentist	치과의사	☐
563	diary	일기	☐
564	die	죽다, 사망하다	☐
565	draw	그리다, 끌어당기다	☐
566	dream	꿈꾸다; 꿈	☐
567	dry	마른, 건조한; 말리다	☐
568	early	이른; 일찍	☐
569	enter	들어가다	☐
570	exam	시험	☐
571	fact	사실	☐
572	famous	유명한	☐
573	favorite	좋아하는	☐
574	field	들판, 현장	☐
575	file	파일	☐
576	fill	채우다	☐
577	fix	고치다, 고정하다	☐
578	floor	바닥, 층	☐
579	fool	바보	☐
580	for	~을 위해서, ~ 동안	☐
581	forest	숲	☐
582	form	형성하다; 형태	☐
583	free	자유로운, 무료의	☐
584	from	~로부터, ~출신의	☐
585	fry	튀기다	☐

586	giraffe	기린	☐	615	noon	정오	☐
587	glad	기쁜	☐	616	note	메모, 쪽지	☐
588	goal	목표, 골	☐	617	off	떨어져	☐
589	guide	안내하다; 안내	☐	618	only	유일한; 오직	☐
590	hard	어려운, 단단한; 열심히	☐	619	over	～이상	☐
591	hate	싫어하다	☐	620	part	부분, 일부	☐
592	headache	두통	☐	621	pass	지나가다, 통과하다	☐
593	heat	열; 가열하다	☐	622	pay	지불하다	☐
594	history	역사	☐	623	peace	평화	☐
595	hit	치다, 맞히다; 타격	☐	624	pick	선택하다, 고르다, 꺾다, 따다	☐
596	hobby	취미	☐	625	plan	계획하다; 계획	☐
597	hope	희망하다, 바라다	☐	626	point	가리키다; 요점	☐
598	hour	시간	☐	627	poor	가난한	☐
599	hurry	서두르다	☐	628	print	인쇄하다	☐
600	if	만약 ～라면	☐	629	prize	상, 상금	☐
601	important	중요한	☐	630	problem	문제	☐
602	inside	내부, 안쪽; 내부의	☐	631	push	밀다	☐
603	into	～안으로	☐	632	puzzle	퍼즐, 수수께끼	☐
604	job	직무, 일	☐	633	question	질문, 문제	☐
605	join	참여하다, 가입하다	☐	634	quick	빠른; 빨리	☐
606	last	지난, 마지막의	☐	635	quiet	조용한	☐
607	lazy	게으른	☐	636	race	경주; 경주하다	☐
608	leaf	나뭇잎	☐	637	remember	기억하다	☐
609	learn	배우다	☐	638	rich	부유한, 부자의	☐
610	marry	결혼하다	☐	639	sale	판매, 할인판매	☐
611	may	～해도 된다, ～일지도 모른다 cf.) may I ～? ～해도 될까요?	☐	640	science	과학	☐
				641	score	득점하다; 점수	☐
612	memory	기억	☐	642	season	계절	☐
613	must	～해야 한다	☐	643	sell	팔다	☐
614	nature	자연	☐	644	send	보내다, 전하다	☐

645	shock	충격을 주다; 충격	☐
646	should	~해야 한다	☐
647	show	보여주다	☐
648	shy	수줍은, 부끄러운	☐
649	sick	아픈, 병든	☐
650	side	측면, 면	☐
651	skin	피부, 껍질	☐
652	space	공간, 우주	☐
653	speak	말하다	☐
654	speed	속도	☐
655	stress	스트레스, 긴장; 강조하다	☐
656	tape	테이프; 테이프를 붙이다	☐
657	try	노력하다, 시도하다	☐
658	voice	목소리, 음성	☐
659	war	전쟁	☐
660	warm	따뜻한	☐
661	way	길, 방법, 방식	☐
662	weight	무게, 체중	☐
663	welcome	환영하다	☐
664	well	잘	☐
665	wish	바라다; 소원	☐
666	word	단어, 말	☐
667	world	세계, 세상	☐
668	worry	걱정하다	☐
669	wrong	잘못된, 틀린	☐
670	yesterday	어제	☐

No. 671 ~ 800 난이도 ★★★★

| 671 | above | ~위에 | ☐ |

672	academy	학원	☐
673	accent	억양	☐
674	accident	사고	☐
675	across	가로질러서	☐
676	add	더하다, 추가하다	☐
677	address	주소	☐
678	adult	성인, 어른	☐
679	adventure	모험	☐
680	advise	조언하다	☐
681	again	다시, 또	☐
682	against	반대로	☐
683	ago	~전에	☐
684	agree	동의하다, 합의하다	☐
685	ahead	미리	☐
686	ariline	항공사	☐
687	almost	거의, 대부분	☐
688	aloud	큰 목소리로	☐
689	already	이미, 벌써	☐
690	alright	괜찮아, 좋아	☐
691	also	또한, 역시	☐
692	always	항상, 늘	☐
693	as	~처럼, ~로서	☐
694	background	배경	☐
695	base	기반, 기초	☐
696	basic	기본적인, 기초적인	☐
697	battle	전투, 싸움	☐
698	bill	영수증, 지폐	☐
699	birth	탄생, 출생	☐
700	bite	물다; 한 입	☐
701	block	차단; 막다	☐

702	board	게시판	
703	borrow	빌리다	
704	business	사업	
705	by	~에 의해, (교통수단) ~로	
706	calendar	달력	
707	calm	차분한	
708	case	경우	
709	certain	특정한, 어떤	
710	chain	사슬, 체인점	
711	chance	기회	
712	clear	분명한	
713	clerk	직원, 점원	
714	clip	동영상, 클립	
715	collect	수집하다	
716	college	대학	
717	company	회사	
718	condition	조건, 상태	
719	congratulate	축하하다	
720	control	조절하다	
721	copy	복사하다; 사본	
722	cost	비용이 들다; 비용	
723	cotton	면, 목화	
724	countryside	시골, 지방	
725	cover	덮다	
726	crowd	붐비다; 군중	
727	customer	고객	
728	cycle	주기	
729	danger	위험	
730	design	설계하다; 디자인	
731	dialogue	대화	

732	different	다른, 여러가지의	
733	difficult	어려운, 힘든	
734	discuss	논의하다	
735	divide	나누다	
736	double	두 배의	
737	drop	떨어지다	
738	during	~동안	
739	elementary	초등의	
740	engine	엔진 (기관)	
741	engineer	기술자, 공학자	
742	enough	충분한; 충분히	
743	error	오류	
744	example	예시, 본보기	
745	exercise	운동하다; 운동	
746	exit	나가다; 출구	
747	factory	공장, 회사	
748	fail	실패하다	
749	fantastic	환상적인, 멋진	
750	fever	열, 고열	
751	focus	집중하다	
752	forever	영원히	
753	forget	잊다	
754	gesture	몸짓	
755	guess	~라고 생각하다, 추측하다	
756	habit	습관	
757	hang	걸다, 매달다	
758	hold	잡다	
759	honest	솔직한, 정직한	
760	however	그러나, 하지만	
761	humor	유머	

762	introduce	소개하다	☐
763	invite	초대하다	☐
764	just	단지	☐
765	keep	유지하다, 계속하다	☐
766	large	큰, 대규모의	☐
767	lie	거짓말하다, 눕다; 거짓말	☐
768	mathematics	수학(= math)	☐
769	middle	중간의	☐
770	might	~일지도 모른다	☐
771	move	움직이다, 이동하다	☐
772	nation	국가, 나라	☐
773	near	가까운; 가까이	☐
774	never	결코[절대] ~않다	☐
775	nothing	아무것도 없음	☐
776	ocean	바다, 대양	☐
777	office	사무소, 회사	☐
778	often	종종, 자주	☐
779	present	현재, 선물	☐
780	return	돌아오다	☐
781	safe	안전한	☐
782	same	같은	☐
783	save	구하다, 절약하다	☐
784	so	그래서	☐
785	sour	신맛이 나는	☐
786	stay	머무르다, 유지하다	☐
787	supper	저녁 식사	☐
788	teen	십 대의, 청소년의	☐
789	textbook	교과서	☐
790	than	~보다	☐
791	thing	것, 일	☐

792	thirst	목마름, 갈증 cf.) thirsty 목마른	☐
793	tonight	오늘밤	☐
794	tour	관광	☐
795	train	훈련하다; 기차	☐
796	travel	여행하다; 여행	☐
797	trip	여행	☐
798	turn	돌리다	☐
799	twice	두 번, 두 배	☐
800	type	유형, 종류	☐

MEMO

1

일반동사(1)

DAY 01

1. 일반동사

일반동사는 주어의 일반적인 동작, 행동, 상태 등을 나타내는 동사입니다.

여러 가지 일반동사

go 가다   **come** 오다   **study** 공부하다   **have** 가지다, 먹다

know 알다   **eat** 먹다   **want** 원하다   **enjoy** 즐기다   **walk** 걷다

teach 가르치다   **read** 읽다   **like** 좋아하다   **remember** 기억하다

be동사와 조동사는 일반동사에 속하지 않습니다.

be동사	조동사
am are is ~이다, ~하다, ~에 있다	**can** ~할 수 있다 **will** ~할 것이다 **must** ~해야만 한다 **may** ~일 지 모른다, ~해도 된다 **should** ~해야 한다

일반동사와 be동사는 다르지만, 결국 '동사'라는 큰 범위에 속합니다.

Quiz

정답 및 해설 p. 02

정답 및 해설 p. 02

문장의 동사에 동그라미하고, 어떤 동사인지 표시하세요.

1. I use a computer every day. 나는 매일 컴퓨터를 사용한다.   (일반동사 / be동사)

2. Are you a singer? 당신은 가수입니까?   (일반동사 / be동사)

3. They drink coffee in the morning. 그들은 아침에 커피를 마신다.   (일반동사 / be동사)

4. We have three chairs here. 우리는 여기에 의자 세 개가 있다.   (일반동사 / be동사)

5. I am not a teacher. 저는 선생님이 아닙니다.   (일반동사 / be동사)

6. Please call me at 5 o'clock. 저에게 5시 정각에 전화해주세요.   (일반동사 / be동사)

2. 일반동사의 현재시제

현재시제는 현재의 상태, 반복되는 일, 습관, 사실, 진리 등을 나타냅니다.

- **I live** in New York. 나는 뉴욕에 산다. (현재의 상태)
- **I play** baseball every Sunday. 나는 일요일마다 야구를 한다. (반복되는 일, 습관)
- Ants **have** six legs. 개미는 다리가 여섯 개다. (일반적인 사실)
- The sun **rises** in the east. 해는 동쪽에서 뜬다. (변함없는 진리)

현재시제일 때, 주어가 3인칭 단수이면 동사 끝에 **-s**를 붙입니다.

	단수	복수
1인칭	I	we
2인칭	you	you
3인칭	he / she / it	they

▶ he, She, it 외에도 1인칭/2인칭이 아니라면 모두 3인칭이에요!

- **I eat** ice cream every day. 나는 매일 아이스크림을 먹는다. (**1인칭**)
- **She eats** ice cream every day. 그녀는 매일 아이스크림을 먹는다. (**3인칭**)

정답 및 해설 p. 02

괄호 안에서 알맞은 동사에 동그라미 하세요.

1. I (enjoy / enjoys) mobile games every night. 나는 매일 밤 모바일 게임을 즐긴다.

2. She (bake / bakes) cookies sometimes. 그녀는 가끔 쿠키를 굽는다.

3. The earth (move / moves) around the sun. 지구는 태양 주위를 돈다.

4. Christine always (eat / eats) breakfast. Christine은 항상 아침 식사를 한다.

5. They (go / goes) to school from Monday to Friday. 그들은 월요일부터 금요일까지 학교에 간다.

Build Up

A 괄호 안에서 알맞은 말에 동그라미 하세요.

1. I (**make** / makes) sandwiches. 나는 샌드위치를 만든다.

2. The boys (**like** / likes) baseball. 그 소년들은 야구를 좋아한다.

3. Mr. Jones (need / **needs**) the book right now. Jones 선생님은 지금 바로 그 책이 필요하다.

4. You (**walk** / walks) very fast. 너는 매우 빨리 걷는다.

5. My mom (listen to / **listens to**) music. 나의 엄마는 음악을 듣는다.

B 그림을 보고, 알맞은 말을 골라 쓰세요.

| ride sings read plays helps eats |
| help eat reads sing rides play |

1. Jessica _____ her mom.

2. Kevin _____ cookies.

3. You _____ baseball.

4. Jane _____ a comic book.

5. Emily _____ a bike.

6. I _____ a song.

C 주어진 동사를 사용해 문장을 완성하세요.

> • sing → The bird _____sings_____ on the tree.
> 그 새는 나무 위에서 노래한다.

1. do → I _____ my homework in the evening.
   나는 저녁에 숙제를 한다.

2. set → The sun _____ in the west.
   해는 서쪽으로 저문다.

3. read → They often _____ funny stories.
   그들은 종종 재미있는 이야기를 읽는다.

4. swim → Peter _____ in the swimming pool.
   Peter는 수영장에서 수영한다.

5. need → We _____ some paper.
   우리는 종이가 좀 필요하다.

6. run → The car _____ fast.
   그 자동차는 빨리 달린다.

D 우리말과 같도록 알맞은 동사를 골라 쓰세요. (필요하면 주어에 맞춰 동사의 모양을 바꾸세요.)

> visit   have   wear   jump   learn   enjoy

1. We _____ the party. 우리는 파티를 즐긴다.

2. My friend often _____ the blue shirt. 내 친구는 그 파란 셔츠를 자주 입는다.

3. You _____ Chinese at school. 여러분은 학교에서 중국어를 배운다.

4. I _____ my grandparents every Monday. 나는 월요일마다 조부모님을 방문한다.

5. Rabbits _____ long ears. 토끼는 긴 귀를 가지고 있다.

6. The cat _____ so high. 그 고양이는 매우 높이 뛴다.

3. 주어와 일반동사(1)

현재시제일 때 주어가 1인칭, 2인칭, 복수이면 동사원형을 씁니다. 동사원형은 동사의 원래 기본 형태를 뜻합니다. 현재시제일 때 아래의 주어들이 오면 동사는 동사원형을 쓰면 됩니다.

주어	예문
I	• I **get** up at 7 every morning. 나는 매일 아침 7시에 일어난다.
you	• You **look** so happy today. 너는 오늘 매우 행복해 보인다.
we	• We **do** our homework at the library. 우리는 도서관에서 우리의 숙제를 한다.
they	• They **fix** the broken chair together. 그들은 고장 난 의자를 함께 고친다.
복수 명사	• Mia and James **watch** TV on weekends. Mia와 James는 주말에 TV를 본다.

You는 단수일 때와 복수일 때 형태가 같아요. 복수일 때는 '너희들, 여러분들'을 뜻합니다. 문장의 내용에 따라 자연스럽게 해석하면 됩니다.

정답 및 해설 p. 02

주어에 동그라미 표시하고, 동사에 밑줄 치세요.

1. We come home at 6. p.m. 우리는 오후 6시에 집에 온다.

2. Emma and Oscar carry the bottles together. Emma와 Oscar는 그 병들을 함께 나른다.

3. I cry so often. 나는 매우 자주 운다.

4. You have three tomatoes in the basket. 너는 바구니에 토마토 세 개를 가지고 있다.

5. The monkeys pick up the red fruit. 그 원숭이들은 빨간 과일을 집어 든다.

4. 주어와 일반동사(2)

현재시제일 때 주어가 **3인칭 단수**이면 일반동사 끝에 **-s**를 붙입니다.

동사 종류	모양	예
대부분의 동사	-s	• speak → speak**s** • know → know**s**

그런데, 동사마다 끝나는 글자가 다르므로 **-s**를 붙이는 규칙도 조금씩 다릅니다.

동사 종류	모양	예	
'자음 + y'로 끝나는 동사	-y → -ies	• cry → cr**ies**	• study → stud**ies**
'모음 + y'로 끝나는 동사	-s	• pay → pay**s**	• enjoy → enjoy**s**
-o, -sh, -ch, -s, -x로 끝나는 동사	-es	• go → go**es** • kiss → kiss**es**	• push → push**es** • fix → fix**es**

◐ 모음 a, e, i, o, u를 제외한 나머지는 자음입니다.

불규칙한 모양으로 바뀌는 동사도 있습니다.

불규칙	• have → **has**	불규칙하지만 **-s**가 붙는 느낌을 기억

정답 및 해설 p. 02

괄호 안에서 알맞은 동사에 동그라미 하세요.

1. The bird (flies / flys) in the sky. 그 새는 하늘에서 난다.

2. David (dos / does) his homework late at night. David는 밤 늦게 숙제한다.

3. She (misses / misss) her old friends sometimes. 그녀는 가끔 옛 친구들을 그리워한다.

4. My father (washs / washes) the dishes after dinner. 나의 아버지는 저녁식사 후 설거지를 하신다.

5. Nicole (says / saies) "Hi." Nicole이 "안녕"이라고 말한다.

Build Up

A 다음 중, 알맞은 말을 골라 빈칸에 쓰세요.

1. have / has / haves

The woman _____ two cups of milk.
그 여자는 우유 두 잔을 가지고 있다.

2. carries / carrys / carry

Monica _____ a big bag alone.
Monica가 혼자서 큰 가방을 나른다.

3. brushes / brush / brushs

I _____ my hair every morning.
나는 매일 아침 머리를 빗는다.

4. sleep / sleepes / sleeps

The baby _____ well on the sofa.
아기가 소파 위에서 잘 잔다.

5. passies / passes / pass

A black car _____ the big tree.
검은 자동차 한 대가 그 큰 나무를 지나쳐간다.

6. mix / mixs / mixes

He _____ salt and water in the glass.
그는 유리잔에 소금과 물을 섞는다.

B 그림을 보고, 주어진 말을 알맞게 바꿔 빈칸에 쓰세요.

eat   have   wash   do   ride   fly

1. Sophia _____ a bike.

2. Henry _____ his dog.

3. Fiona _____ her homework.

4. Fiona _____ red hair.

5. Noah _____ strawberry ice cream.

6. A bee _____ near the flowers.

정답 및 해설 p. 02

C 주어진 동사를 그대로 쓰거나 바꿔서 문장을 완성하세요.

> • drink → A cat _____drinks_____ water under the tree.
> 고양이 한 마리가 나무 아래에서 물을 마신다.

1. go → Andrew often _____ to the beach.
   Andrew는 해변에 자주 간다.

2. stay → Their parents _____ at home on Saturday.
   그들의 부모님은 토요일에 집에 머무신다.

3. open → This toy shop _____ at 11:00 a.m.
   이 장난감 가게는 11시에 문을 연다.

4. brush → Joseph _____ his hair every morning.
   Joseph은 매일 아침 머리를 빗는다.

5. look → Our English teacher _____ at Nick's face.
   우리 영어 선생님은 Nick의 얼굴을 바라보신다.

6. kiss → Rebecca _____ her baby every night.
   Rebecca는 매일 밤 그녀의 아기에게 입을 맞춘다.

7. work → Your friends _____ at the restaurant.
   너의 친구들은 그 식당에서 일한다.

8. have → We _____ ten bottles of water now.
   우리는 지금 물 10병을 가지고 있다.

9. carry → The train _____ people to Busan.
   그 기차는 사람들을 부산으로 나른다.

10. eat → Edward never _____ carrots.
    Edward는 절대 당근을 먹지 않는다.

Review Test

1 다음 중 밑줄 친 말이 일반동사인 것을 고르세요.

① I <u>am</u> so busy now.
② They <u>are</u> my friends.
③ Daniel <u>is</u> from Spain.
④ We <u>go</u> to the Green Park.

2 다음 중 밑줄 친 말이 잘못된 문장을 고르세요.

① I <u>study</u> math after school.
② Sophia <u>like</u> jazz music.
③ You <u>need</u> a large basket.
④ Thomas <u>knows</u> my name.

[3-5] 다음 중 동사원형과 3인칭 단수 현재형이 잘못 짝지어진 것을 고르세요.

3 ① open – opens ② buy – buies
   ③ use – uses   ④ fix – fixes

4 ① do – does   ② have – has
   ③ cook – cooks ④ catch – catchs

5 ① cry – crys   ② mix – mixes
   ③ wash – washes ④ speak – speaks

[6-7] 다음 우리말 뜻과 같도록 괄호 안에서 알맞은 말을 고르세요.

6 | Kevin과 나는 방과 후에 숙제를 한다. |

→ Kevin and I (do / does) our homework after school.

7 | 그녀는 한국어를 매일 공부한다. |

→ She (study / studies) Korean every day.

8 다음 밑줄 친 부분을 바르게 고친 것을 고르세요.

| Her mother <u>pushs</u> the small button. |

① push   ② pushss
③ pushes   ④ pushies

9 다음 중 올바른 문장을 고르세요.

① William wash his face.
② My parents swims well.
③ A bee sit on the flower.
④ Jade's brother visits me.

[10-12] 다음 문장의 괄호 안에서 알맞은 말을 고르세요.

10 | (You / Andrea) wear the white pants sometimes. |

11 | Jenny (pass / passes) the cup to her brother. |

12 | (The girl / My friends) plays mobile games in the living room. |

13 다음 빈칸에 들어갈 말이 순서대로 짝지어진 것을 고르세요.

> • Bob _____ six books on the desk.
> • You and your sister _____ chocolate.

① have – like
② has – like
③ have – likes
④ has – likes

[14-15] 괄호 안에 주어진 말을 사용해 문장을 완성하세요.

14
> Her cousin _____ science to students. (teach)

15
> Lucy's grandfather _____ a pink umbrella. (have)

[16-17] 밑줄 친 부분을 바르게 고쳐 문장을 다시 쓰세요.

16
> The ship carrys cars to America.

→ _____

17
> I misses my grandparents so often.

→ _____

18 다음 문장에서 틀린 부분을 고쳐 문장을 다시 쓰세요.

> Julie and her friend says "Thank you."

→ _____

중학교 시험에는 이렇게!

| 경기 ○○중 응용 |

[19-20] 다음 중 잘못된 문장을 고르세요.

19 ① We finish the work.
② They enjoy the tennis game.
③ My aunt help the old people.
④ Mr. Charlie wants some water.
⑤ It is cold outside.

| 서울 ○○중 응용 |

20 ① Harry always tries hard.
② You look so cool today.
③ The museum closes at 5:00.
④ Kate's baby sleep well at night.
⑤ They remember the song.

Word Review

다음은 **Chapter 1**에 사용된 주요 단어입니다.
소리 내어 읽으면서 써보세요.

단어	뜻	쓰기	단어	뜻	쓰기
1 come	오다		14 sandwich	샌드위치	
2 finish	끝내다		15 learn	배우다	
3 enjoy	즐기다		16 funny	재미 있는	
4 chair	의자		17 bottle	병	
5 library	도서관		18 chocolate	초콜릿	
6 baseball	야구, 야구공		19 museum	박물관	
7 use	사용하다		20 busy	바쁜	
8 need	필요하다		21 near	~ 근처에	
9 east	동쪽		22 broken	고장 난, 부서진	
10 bake	(빵 등을) 굽다		23 weekend	주말	
11 aunt	이모, 고모, 숙모 등		24 shirt	셔츠	
12 breakfast	아침 식사		25 remember	기억하다	
13 set	(해가) 저물다, 지다				

☆ **Word Review**에서 학습한 25개 단어는 워크북 09쪽에서 테스트해 볼 수 있습니다.

2

일반동사(2)

1. 일반동사 부정문(1)

긍정문은 '~하다, ~이다'라는 뜻이고, 부정문은 '~하지 않다'라는 뜻입니다. 현재시제일 때 주어가 1인칭, 2인칭, 복수인 경우, 일반동사의 부정문은 동사 앞에 **do not**을 붙입니다.

주어	일반동사의 부정문
1인칭, 2인칭, 복수	**do not** + 동사원형

◐ do not은 줄여서 don't로 쓸 수 있습니다.

긍정문	부정문
• I know his name. 나는 그의 이름을 안다.	• I **do not**(= **don't**) know his name. 나는 그의 이름을 알지 못한다.
• You eat tomatoes. 너는 토마토를 먹는다.	• You **do not**(= **don't**) eat tomatoes. 너는 토마토를 먹지 않는다.
• They have long hair. 그들은 머리카락이 길다.	• They **do not**(= **don't**) have long hair. 그들은 머리카락이 길지 않다.

◐ be동사의 부정문을 만들 때는 be동사 뒤에 not을 씁니다. (We are **not** students.)

정답 및 해설 p. 03

 Quiz

올바른 부정문이 되도록 괄호 안에서 알맞은 말을 고르세요.

1. I (live do not / do not live) in Seoul. 나는 서울에 살지 않는다.

2. The girls (do not study / not do study) music. 그 소녀들은 음악을 공부하지 않는다.

3. His dogs (sleep not do / don't sleep) at night. 그의 개들은 밤에 잠을 자지 않는다.

4. Martin and John (not do go / do not go) to school today.

    Martin과 John은 오늘 학교에 가지 않는다.

5. Museums (don't open / open not) on Mondays. 박물관들은 월요일에 문을 열지 않는다.

2. 일반동사 부정문(2)

현재시제일 때 주어가 **3**인칭 단수인 경우, 일반동사의 부정문은 동사 앞에 **does not**을 붙입니다.

주어	일반동사의 부정문
3인칭 단수	**does not + 동사원형**

◐ does not은 줄여서 doesn't로 쓸 수 있습니다.

does not / doesn't 뒤에는 동사원형을 써야 합니다. 이미 **does not / doesn't**가 3인칭 단수 주어임을 나타내기 때문에 그 뒤에는 동사원형을 씁니다.

긍정문	부정문
• She lives in London. 그녀는 런던에 산다.	• She **does not(= doesn't)** <u>live</u> in London. 그녀는 런던에 살지 않는다.
• It has four legs. 그것은 다리가 네 개다.	• It **does not(= doesn't)** <u>have</u> four legs. 그것은 다리가 네 개가 아니다.
• He listens to the radio. 그는 라디오를 듣는다.	• He **does not(= doesn't)** <u>listen</u> to the radio. 그는 라디오를 듣지 않는다.

정답 및 해설 p. 03

올바른 부정문이 되도록 괄호 안에서 알맞은 말을 고르세요.

1. My son (does want not / does not want) a new bicycle. 나의 아들은 새 자전거를 원하지 않는다.

2. Clara sometimes (don't wear / doesn't wear) glasses. Clara는 가끔 안경을 쓰지 않는다.

3. Their daughter (not watch does / does not watch) TV. 그들의 딸은 TV를 보지 않는다.

4. That boy (doesn't need / need does not) scissors. 그 소년은 가위가 필요하지 않다.

5. Dorothy (not does work / doesn't work) today. Dorothy는 오늘 일하지 않는다.

Build Up

A 다음 빈칸에 **don't** 또는 **doesn't**를 쓰세요.

1. They _____ drink coffee. 그들은 커피를 마시지 않는다.

2. It _____ look so good. 그것은 그렇게 좋아 보이지 않는다.

3. Louis _____ get up early in the morning. Louis는 아침에 일찍 일어나지 않는다.

4. Snakes _____ have legs. 뱀은 다리를 가지고 있지 않다.

5. Her nephews _____ know my address. 그녀의 조카들은 내 주소를 알지 못한다.

6. My father's friend _____ drive a car. 나의 아버지의 친구는 운전을 하시지 않는다.

B 그림을 보고, 빈칸에 알맞은 말을 써넣어 부정문을 만드세요. (줄임말로 쓸 것)

1. Annie _____ like vegetables.

2. Jacob and Eva _____ watch TV.

3. Harry _____ feel happy.

4. These boys _____ go to school by bus.

정답 및 해설 p. 03

C 밑줄 친 부분이 알맞으면 ○표시하고, 알맞지 <u>않으면</u> 바르게 고쳐 쓰세요.

1. Jake's parents <u>don't eat</u> meat.
   Jake의 부모님은 고기를 드시지 않는다.
   →_____

2. The children <u>doesn't wear</u> uniforms.
   그 아이들은 교복을 입지 않는다.
   →_____

3. Ms. Mendez <u>doesn't uses</u> a cellphone.
   Mendez 씨는 휴대전화를 사용하지 않는다.
   →_____

4. Rachel and Fred <u>don't work</u> on Wednesday.
   Rachel과 Fred는 수요일에 일하지 않는다.
   →_____

5. My mom <u>don't teaches</u> science at school.
   나의 엄마는 학교에서 과학을 가르치지 않으신다.
   →_____

6. The car <u>don't run</u> fast.
   그 자동차는 빨리 달리지 않는다.
   →_____

D 밑줄 친 부분을 바르게 고쳐 쓰세요. (줄임말로 쓸 것.)

1. My brother <u>not does read</u> comic books.
   나의 형은 만화책을 읽지 않는다.
   →_____

2. Vicky <u>not like</u> cheese.
   Vicky는 치즈를 좋아하지 않는다.
   →_____

3. Peter and Andy <u>doesn't swims</u> in the ocean.
   Peter와 Andy는 바다에서 수영하지 않는다.
   →_____

4. Their daughter <u>has doesn't</u> a watch.
   그들의 딸은 손목시계를 가지고 있지 않다.
   →_____

5. The train <u>not go</u> to Seoul Station.
   그 기차는 서울역에 가지 않는다.
   →_____

6. He <u>don't speak</u> English.
   그는 영어를 하지 못한다.
   →_____

7. Frogs <u>has don't</u> a tail.
   개구리는 꼬리를 가지고 있지 않다.
   →_____

3. 일반동사 의문문

의문문은 질문하는 문장입니다. 현재시제일 때 1인칭, 2인칭, 복수 주어 의문문은 'Do + 주어 + 동사원형 ~?'
이고, 3인칭 단수 주어 의문문은 'Does + 주어 + 동사원형 ~?'입니다.

주어	일반동사의 의문문
1인칭, 2인칭, 복수	Do + 주어 + 동사원형 ~?
3인칭 단수	Does + 주어 + 동사원형 ~?

	주어	동사원형 ~?
Do	you	
	they	**like** pizza?
	Alice and her sister	

	주어	동사원형 ~?
Does	he	
	Minji	**go** to school?
	your friend	

▶ be동사 의문문을 만들 때는 be동사를 주어 앞으로 보냅니다. (Are you a singer?)

정답 및 해설 p. 03

올바른 의문문이 되도록 괄호 안에서 알맞은 말을 고르세요.

1. (Do / Does) Patrick play the guitar? Patrick은 기타를 치니?

2. (Do / Does) we have some water now? 우리가 지금 물을 좀 가지고 있니?

3. (Do / Does) your uncle remember my name? 너의 삼촌이 내 이름을 기억하시니?

4. (Do / Does) Annie and Grace go to the museum? Annie와 Grace는 박물관에 가니?

5. (Do / Does) the book store open on Sunday? 그 서점은 일요일에 문을 여니?

4. 일반동사 의문문에 대답하기

'Do ~?' 또는 'Does ~?'로 묻는 일반동사 의문문에 대답할 때, 긍정이면 'Yes, + 주어(대명사) + do/does.'로 답합니다. 부정이면 'No, + 주어(대명사) + don't / doesn't.'로 답합니다.

의문문	대답	
Do + 주어 + 동사원형 ~?	긍정	Yes, + 주어(대명사) + **do**.
	부정	No, + 주어(대명사) + **don't**.
Does + 주어 + 동사원형 ~?	긍정	Yes, + 주어(대명사) + **does**.
	부정	No, + 주어(대명사) + **doesn't**.

의문문에 대답할 때 주어는 대명사로 받습니다. 여성은 she, 남성은 he, 사물은 it, 여러 명 혹은 여러 개일 때는 they로 받습니다.

의문문	대답
• **Do** your kids learn badminton? 당신의 아이들은 배드민턴을 배우나요?	Yes, they **do**. 네, 그래요. No, they **don't**. 아니오, 그렇지 않아요.
• **Does** Brian visit his parents often? Brian은 자기 부모님을 자주 방문하나요?	Yes, he **does**. 네, 그래요. No, he **doesn't**. 아니오, 그렇지 않아요.

Do / Does로 묻는 의문문은 be동사로 대답할 수 없습니다.
• **Does** she have a car? ➜ Yes, she <u>is</u>. (×)

정답 및 해설 p. 04

다음 대화의 괄호 안에서 알맞은 말에 동그라미 하세요.

1. **A:** Does she read the newspaper?　　**B:** Yes, she (do / does).

2. **A:** Do they go to the hospital today?　　**B:** Yes, they (do / don't).

3. **A:** Do your friends ride a bicycle?　　**B:** No, they (do / don't).

4. **A:** Does Mary's son dance well?　　**B:** Yes, he (does / doesn't).

5. **A:** Does Amy cook in the kitchen?　　**B:** No, she (does / doesn't).

Build Up

A 다음 중 알맞은 말을 골라 빈칸에 쓰세요.

1. Do / Does → _____ the children have lunch at school?
    그 아이들은 학교에서 점심을 먹나요?

2. Do / Does → _____ dogs have wings?
    개들은 날개가 있나요?

3. Do / Does → _____ a penguin like fish?
    펭귄은 물고기를 좋아하나요?

4. Do / Does → _____ your son go to bed before 10 o'clock?
    당신의 아들은 10시 정각 이전에 잠자리에 드나요?

5. buy / buys → Does Mr. Hanks _____ flowers for his wife?
    Hanks 씨가 아내를 위해 꽃을 사나요?

6. get / gets → Do they _____ up early in the morning?
    그들이 아침에 일찍 일어나나요?

7. your cat / your cats → Do _____ like music?
    너희 고양이는 음악을 좋아하니?

8. a monkey / monkeys → Does _____ sleep on a tree?
    원숭이는 나무에서 잠자나요?

9. the bank / the banks → Does _____ close late at night?
    은행이 밤 늦게 문을 닫나요?

10. an elephant / elephants → Do _____ have large ears?
    코끼리가 큰 귀를 가지고 있나요?

B 다음 대화가 알맞도록 빈칸에 알맞은 말을 쓰세요.

1. A: Do you sleep well at night?

   B: _____, I do.

2. A: Does the woman study Korean?

   B: Yes, _____ does.

3. A: Does Mark make vegetable soup?

   B: _____, he does.

4. A: Do Oscar and Jiwon need new shoes?

   B: No, _____ don't.

5. A: Do you and your friend go on a picnic?

   B: _____, we don't.

6. A: Does your art class start at 11:00?

   B: Yes, _____ _____.

C 그림을 보고, 빈칸에 알맞은 말을 쓰세요.

1. _____ your son study math?

2. _____ the students clean the windows?

3. _____ Pamela make sandwiches?

4. A: Does Ms. Choi teach music?

   B: No, she _____.

5. A: Does Evelyn have a yellow cap?

   B: Yes, she _____.

6. A: Do the boys wear glasses?

   B: No, they _____.

Review Test

1 다음 문장을 부정문으로 바꿀 때 알맞은 것을 고르세요.

> She mixes salt and water.

→ She (doesn't mix / doesn't mixes) salt and water.

2 다음 문장을 의문문으로 바꿀 때 알맞은 것을 고르세요.

> Tommy does his homework.

→ (Does Tommy do / Do Tommy does) his homework?

3 밑줄 친 부분이 잘못된 문장을 고르세요.

① Monica doesn't know them.
② The man doesn't eat sugar.
③ We don't need a pencil case.
④ Her friends doesn't watch TV.

[4-5] 다음 중 잘못된 문장을 고르세요.

4 ① Do your dog like snow?
② Do the boys buy shoes?
③ Do your kids stay in China?
④ Does he study science hard?

5 ① Does it have four legs?
② Does the baby sleeps well?
③ Do the black butterflies fly high?
④ Do they visit their parents today?

[6-8] 문장의 빈칸에 들어갈 수 없는 말을 고르세요.

6 Does _____ want more apple juice?

① Jake   ② your brother
③ the girl   ④ his friends

7 _____ don't feel good in the morning.

① You   ② My mom
③ Their cats   ④ Suzy and Mina

8 _____ doesn't sing on the tree.

① Bees   ② It
③ That bird   ④ My hamster

[9-10] 다음 의문문에 대한 대답으로 알맞은 것을 고르세요.

9 Do you have breakfast every day?

① Yes, I am.   ② No, I do.
③ Yes, I do.   ④ No, it doesn't.

10 Do Sandy and Mark learn Korean at school?

① Yes, she does.   ② No, not they.
③ Yes, they don't. ④ No, they don't.

[11-13] 다음 밑줄 친 부분을 바르게 고쳐 쓰세요.

11 | Does <u>your father cooks</u> well? |

→ _____

12 | It <u>not does look</u> good. |

→ _____

13 | <u>Do he studies</u> music? |

→ _____

[14-16] 다음 문장을 괄호 안에 주어진 대로 바꿔 쓰세요.

14 | Our students help sick people. |

(의문문으로)

→ _____

15 | The little kid cries at night. |

(부정문으로)

→ _____

16 | Penguins enjoy swimming in the ocean. |

(의문문으로)

→ _____

중학교 시험에는 이렇게!

| 인천 ○○중 응용 |

[17-18] 다음 중 짝지어진 대화가 <u>잘못된</u> 것을 고르세요.

17 ① A: Do you visit the park?
　　　B: No, I don't.
　② A: Does the boy speak loudly?
　　　B: Yes, he does.
　③ A: Do their teachers feel sad?
　　　B: Yes, they are.
　④ A: Does it have a tail?
　　　B: No, it doesn't.
　⑤ A: Do the children play soccer?
　　　B: Yes, they do.

18 ① A: Do John and Katie like broccoli?
　　　B: Yes, they do.
　② A: Do we have English class today?
　　　B: Yes, we have.
　③ A: Does the truck carry flowers?
　　　B: No, it doesn't.
　④ A: Does your aunt ride a bike?
　　　B: No, she doesn't.
　⑤ A: Do they sing well?
　　　B: Yes, they do.

Word Review

다음은 **Chapter 2**에 사용된 주요 단어입니다.
소리 내어 읽으면서 써보세요.

단어	뜻	쓰기	단어	뜻	쓰기
1 hair	머리카락		14 kitchen	주방, 부엌	
2 leg	다리		15 hospital	병원	
3 glasses	안경		16 sugar	설탕, 당	
4 scissors	가위		17 cook	요리하다; 요리사	
5 work	일하다; 일		18 penguin	펭귄	
6 nephew	조카		19 broccoli	브로콜리	
7 address	주소		20 help	돕다	
8 vegetable	채소		21 enjoy	즐기다	
9 meat	고기, 육류		22 ocean	바다	
10 uniform	교복		23 truck	트럭	
11 station	역		24 park	공원	
12 frog	개구리		25 cry	울다	
13 tail	꼬리				

☆ **Word Review**에서 학습한 25개 단어는 워크북 18쪽에서 테스트해 볼 수 있습니다.

CHAPTER

3

형용사

1. 형용사란

형용사는 상태, 성질, 모양, 색 등을 나타내는 말이며, 명사를 꾸며주거나 주어의 상태를 설명해줍니다.

상태, 성질	new, nice, bad	날씨	sunny, warm, rainy
크기, 모양	big, small, tall, short	수	one, two, first
색깔	red, yellow, blue	맛	sweet, salty, sour
감정, 성격	happy, sad, angry		

형용사 중에는 서로 반대 뜻을 가진 형용사들이 많습니다. 함께 알아 두세요.

반대 뜻을 가진 형용사	
big 큰 ↔ small 작은	good 좋은 ↔ bad 나쁜
high 높은 ↔ low 낮은	tall 키가 큰 ↔ short 키가 작은
heavy 무거운 ↔ light 가벼운	new 새로운 ↔ old 오래된
rich 부유한 ↔ poor 가난한	bright 밝은 ↔ dark 어두운
easy 쉬운 ↔ difficult 어려운	hot 뜨거운 ↔ cold 차가운
dry 마른 ↔ wet 젖은	long 긴 ↔ short 짧은
young 젊은 ↔ old 늙은	healthy 건강한 ↔ sick 아픈
clean 깨끗한 ↔ dirty 더러운	strong 강한 ↔ weak 약한

정답 및 해설 p. 05

다음 문장에서 형용사에 동그라미 하세요.

1. I have white socks here.
   나는 여기에 흰 양말을 가지고 있다.

2. People like sunny days.
   사람들은 맑은 날을 좋아한다.

3. He needs three pencils.
   그는 세 자루의 연필이 필요하다.

4. Lena has long hair.
   Lena는 긴 머리를 가지고 있다.

5. This is a new mirror.
   이것은 새 거울이다.

6. Harry eats sweet cake after lunch.
   Harry는 점심식사 후 달콤한 케이크를 먹는다.

2. 수량을 나타내는 형용사

형용사 중에는 수와 양, 즉 수량을 나타내는 형용사들이 있습니다. 명사가 단수인지, 복수인지, 또는 셀 수 없는지에 따라, 같이 쓸 수 있는 형용사를 구분해서 알아 두세요!

의미	형용사	함께 쓰는 명사	뒤의 명사와 함께 단수/복수
많은	many	셀 수 있는 명사	복수
	much	셀 수 없는 명사	단수 취급
	a lot of / lots of	모두 가능	모두 가능
약간의, 몇몇의	a few	셀 수 있는 명사	복수
거의 없는	few		
약간의	a little	셀 수 없는 명사	단수 취급
거의 없는	little		

- She has **many**(= **a lot of/lots of**) books. 그녀는 책이 많다.
- We don't have **much**(= **a lot of/lots of**) time. 우리는 시간이 많지 않다.
- I have **a few** eggs. 나는 달걀이 몇 개 있다.　　• They do **little** work. 그들은 일을 거의 하지 않는다.

a 없이 few, little만 쓰면 '거의 없다'라는 뜻이며, 부정어 **not**과 함께 쓰지 않습니다.
- You have **few** cookies. 너는 쿠키가 거의 없구나. → You do <u>not</u> have **few** cookies. (×)

○ little은 '작은'이라는 뜻으로도 씁니다.
- Give me the **little** spoon. (그 작은 스푼을 나에게 줘.)

정답 및 해설 p. 05

다음 문장에서 알맞은 형용사에 동그라미 하세요.

1. Mark has (many / much) friends. Mark는 친구들이 많다.

2. Her mother makes (a few / a little) bread. 그녀의 어머니는 빵을 약간 만든다.

3. I don't drink (many / much) water. 나는 물을 많이 마시지 않는다.

4. The students sing (a lot of / much) songs today. 그 학생들은 오늘 많은 노래를 부른다.

5. The boys need (few / little) help. 그 소년들은 도움이 거의 필요하지 않다.

Build Up

A 다음 문장에서 형용사를 찾아 동그라미하고, 그 형용사가 꾸미고 있는 명사에 밑줄 치세요.

> • Olivia's family lives in an (old) house.
> Olivia의 가족은 낡은 집에 산다.

1. We know few people in the town. 우리는 그 마을에서 아는 사람이 거의 없다.

2. Tiffany buys a nice cap at the shop. Tiffany는 그 가게에서 멋진 모자를 산다.

3. They carry the large boxes together. 그들은 그 큰 상자를 함께 나른다.

4. You need an umbrella for rainy days. 비 오는 날을 위해 우산이 필요하다.

5. He doesn't wear the blue pants. 그는 그 파란색 바지를 입지 않는다.

6. I have four bottles of milk in the kitchen. 나는 주방에 우유 네 병을 가지고 있다.

B 밑줄 친 형용사와 뜻이 반대인 형용사를 빈칸에 쓰세요. (주어진 첫 글자로 시작할 것)

1. My grandmother likes bright colors.
   나의 할머니는 밝은 색을 좋아하신다.
   → d_____

2. Jimmy sometimes sleeps on a dirty bed.
   Jimmy는 가끔 더러운 침대에서 잔다.
   → c_____

3. Please pass me the wet towel.
   나에게 그 젖은 수건을 건네줘.
   → d_____

4. Mr. Baker is a rich guy.
   Baker 씨는 부유한 사람이다.
   → p_____

5. The teacher gives an easy test to kids.
   선생님은 아이들에게 쉬운 시험을 내주신다.
   → d_____

6. Edward always wears a heavy jacket.
   Edward는 늘 두꺼운 재킷을 입는다.
   → l_____

정답 및 해설 p. 05

C 다음 중 알맞은 말을 골라 문장을 완성하세요.

1. many / much → Do you need _____ money for it?
   그것에 많은 돈이 필요하니?

2. few / little → We see _____ snow in this city.
   우리는 이 도시에서 눈을 거의 보지 못한다.

3. a lot of / many → My father puts _____ salt in the soup.
   나의 아버지는 수프에 소금을 많이 넣으신다.

4. Many / Much → _____ students come to the library.
   많은 학생들이 그 도서관에 온다.

5. a few / a little → They drink _____ tea in the evening.
   그들은 저녁에 차를 약간 마신다.

D 주어진 말을 그대로 사용하거나 바꿔서 문장을 완성하세요.

- many, toy → Parents buy __many__ __toys__ for their kids.
  부모들은 자기 아이들을 위해 장난감을 많이 산다.

1. little, paper → Sandra has _____ _____ _____ in her bag.
   Sandra는 가방에 종이를 약간 가지고 있다.

2. two, child → Emily plays mobile games with _____ _____.
   Emily는 두 명의 아이들과 함께 모바일 게임을 한다.

3. much, sugar → This doughnut has _____ _____ in it.
   이 도넛에는 설탕이 많이 들어 있다.

4. few, people → _____ _____ swim in the ocean in September.
   9월에는 바다에서 수영하는 사람이 거의 없다.

5. lots of, bus → _____ _____ _____ wait for people near the station.
   많은 버스들이 역 근처에서 사람들을 기다린다.

3. 형용사가 명사를 꾸밀 때

형용사는 명사를 꾸며줍니다. 이때 여러 개의 형용사가 올 수도 있고, 다른 기능을 하는 말과 함께 올 수도 있습니다.

a(n) / the + 형용사	• **a beautiful** tree 아름다운 나무 • **the nice** guy 그 멋진 남자
my / your / his 등 + 형용사	• **his new** shirt 그의 새 셔츠 • **their kind** teacher 그들의 친절한 선생님
여러 개의 형용사	• a **large white** yacht 크고 흰 요트 • my **cute little** sister 나의 귀여운 여동생

형용사 앞에 **this**, **that**, **these** 등 가리키는 말이 올 수도 있어요. this의 복수형은 these이고, that의 복수형은 those입니다. 뒤에 오는 명사에 맞춰 단수/복수를 구분해서 씁니다.

this/these, that/those + 형용사	**this amazing** picture 이 놀라운 그림 **these small** shoes 이 작은 신발들 **those green** balls 저 녹색 공들

형용사를 꾸밀 때는 부사를 씁니다.

부사 + 형용사	a **very good** boy 매우 훌륭한 소년 **too much** work 너무 많은 일

정답 및 해설 p. 05

Quiz

괄호 안에서 알맞은 말에 동그라미 하세요.

1. Angela is (a girl cute / a cute girl). Angela는 귀여운 소녀이다.

2. (These black buttons / Black these buttons) look like chocolate.
   이 검은 버튼들이 초콜릿처럼 보인다.

3. We have (little too money / too little money). 우리에게 돈이 너무 적어.

4. This is (old my sofa / my old sofa). 이것은 내 오래된 소파야.

5. Look at (that yellow bird / yellow that bird). 저 노란 새를 봐.

4. 형용사가 주어를 설명할 때

형용사는 주어의 상태, 모양, 성질, 색 등을 설명하기도 합니다. '주어 + 동사 + 형용사' 경우, '(주어가) ~하다, ~이다'라고 해석하면 됩니다.

형용사가 명사를 꾸며줌 (= 수식)	형용사가 주어를 설명함 (= 서술)
• This is a **famous** movie. 이것은 유명한 영화이다.	• This movie is **famous**. 이 영화는 유명하다.

형용사가 주어를 설명(= 서술)할 때는 보통 be동사 뒤에 옵니다.

be동사 + 형용사

• They **are busy**.
그들은 바쁘다.

• That T-shirt **is expensive**.
저 티셔츠는 비싸다.

look, feel 등의 동사 뒤에도 형용사가 와서 주어를 설명할 수 있습니다.

**look, smell, sound, taste, feel 등
+ 형용사**

• You **look happy**. 너 행복해 보여.
• This fruit **smells sweet**. 이 과일은 달콤한 냄새가 나.
• That **sounds great**. 그거 괜찮은데.
• The soup **tastes good**. 그 수프는 맛이 좋아.
• I **feel sad** today. 나는 오늘 기분이 슬퍼.

정답 및 해설 p. 05

밑줄 친 형용사의 역할에 동그라미 하세요.

1. This bottle is <u>heavy</u>. (수식 / 서술)
이 병은 무겁다.

2. Mr. Smith is a <u>nice</u> guy. (수식 / 서술)
Smith 씨는 멋진 남자다.

3. We visit the <u>old</u> library. (수식 / 서술)
우리는 그 오래된 도서관을 방문한다.

4. She looks <u>angry</u> now. (수식 / 서술)
그녀는 지금 화가 난 듯 보인다.

5. <u>Many</u> people like dogs. (수식 / 서술)
많은 사람들이 개를 좋아한다.

6. I remember the <u>beautiful</u> beach.
나는 그 아름다운 해변을 기억한다.　　(수식 / 서술)

Build Up

A 우리말과 같도록 주어진 말을 알맞게 배열해 쓰세요.

> • pink, this → I like ___this___ ___pink___ bag.
> 나는 이 분홍색 가방이 좋아.

1. that, book → _____ _____ is easy for my sister.
   저 책은 내 여동생에게는 쉽다.

2. much, too → You spend _____ _____ money.
   너는 돈을 너무 많이 쓴다.

3. close, his → Mina is _____ _____ friend.
   미나는 그의 가까운 친구이다.

4. smart, very → Dolphins are _____ _____.
   돌고래는 매우 똑똑하다.

5. bad, so → It is _____ _____.
   그건 매우 안 좋아.

B 우리말과 같도록 빈칸에 알맞은 말을 쓰세요. (주어진 첫 글자로 시작할 것)

1. James doesn't like c_____ weather.
   James는 추운 날씨를 좋아하지 않는다.

2. This is a d_____ question.
   이것은 어려운 질문이다.

3. Henry and Eva live in a q_____ town.
   Henry와 Eva는 조용한 동네에 산다.

4. Please show me the e_____ jacket.
   그 비싼 재킷 좀 보여줘.

5. You look so h_____. I have some snacks.
   너 매우 배고파 보여. 나에게 간식이 좀 있어.

C 그림을 보고, 빈칸에 들어갈 알맞은 말을 골라 쓰세요.

> rich   is   woman   delicious
> blue   are   dirty

1. Their feet _____ _____ .

2. Pamela is a _____ _____ .

3. Robert looks at the _____ lake.

4. Carol buys the _____ cake.

D 왼쪽 문장을 오른쪽 문장으로 바꿀 때 빈칸에 알맞은 말을 쓰세요.

1. This yacht is expensive. → This is an _____ yacht.

2. That is an interesting movie. → That movie is _____ .

3. A giraffe's neck is long. → A giraffe has a _____ neck.

4. The Blue River is clean. → The Blue River is a _____ river.

5. George is a busy man. → George is _____ .

6. Our classroom is bright. → Our classroom is a _____ classroom.

Review Test

[1-2] 다음 중 의미가 반대인 형용사끼리 짝지어지지 <u>않은</u> 것을 고르세요.

1 ① long − short   ② old − new

     ③ heavy − dark   ④ dry − wet

2 ① high − low   ② big − small

     ③ rich − sick   ④ good − bad

[3-5] 다음 문장의 빈칸에 알맞지 <u>않은</u> 말을 고르세요.

3 | We have many _____ . |

   ① books   ② flowers

   ③ tomatoes   ④ cheese

4 | They need a little _____ . |

   ① meat   ② sugar

   ③ eggs   ④ milk

5 | _____ people want the gray pants. |

   ① Few   ② A few

   ③ A little   ④ A lot of

[6-7] 다음 밑줄 친 부분과 바꿔 쓸 수 있는 말을 고르세요.

6 | They don't have <u>a lot of</u> time. |

   ① much   ② a few

   ③ many   ④ few

7 | Lisa washes <u>lots of</u> grapes. |

   ① much   ② many

   ③ a little   ④ little

[8-10] 다음 중 밑줄 친 형용사와 쓰임이 같은 것을 고르세요.

8 | Steve buys a <u>nice</u> coat. |

   ① Your umbrella is <u>wet</u>.

   ② Tommy has <u>brown</u> hair.

   ③ The teachers are <u>busy</u>.

   ④ Cathy is <u>hungry</u> now.

9 | This restaurant is <u>excellent</u>. |

   ① He asks a <u>difficult</u> question.

   ② It is the <u>second</u> song.

   ③ I know the <u>young</u> man.

   ④ Trees are <u>green</u> in summer.

10 | The peach tastes <u>sour</u>. |

   ① You look <u>happy</u> today.

   ② Do we need a <u>big</u> table?

   ③ They are <u>healthy</u> students.

   ④ Roy makes <u>delicious</u> bread.

[11-12] 다음 빈칸에 들어갈 수 있는 말로 짝지어진 것을 고르세요.

11

> · Add _____ salt.
> · I have _____ cookies.

① much – a little ② a little – a few

③ little – a little ④ few – a lot of

12

> · He puts _____ pencils in his bag.
> · We have _____ rain this spring.

① a few – little ② lots of – many

③ a little – few ④ much – little

[13-14] 다음 우리말 뜻과 같도록 빈칸에 알맞은 말을 쓰세요.

13

> Billy는 돈을 많이 쓰지 않는다.

→ Billy doesn't spend _____ _____ .

14

> Wilson 씨네 아이들은 고기를 거의 먹지 않는다.

→ Ms. Wilson's kids eat _____ _____ .

[15-17] 다음 밑줄 친 부분을 바르게 고쳐 문장을 다시 쓰세요.

15

> Joshua knows answer the right.

→ _____

16

> Who is man kind that?

→ _____

17

> I like pretty those pictures.

→ _____

중학교 시험에는 이렇게!

| 전북 ○○중 응용 |

[18-19] 다음 중 잘못된 문장을 두 개 고르세요.

18 ① Judy listens to a lot of music.

② We don't need much space.

③ I don't know tall that lady.

④ Those men eat a little sandwiches.

⑤ I like those shoes.

19 ① This new glasses are mine.

② The baby feels good now.

③ I meet her cute cat today.

④ They learn a few easy word.

⑤ The cook needs lots of salt.

Word Review

다음은 **Chapter 3**에 사용된 주요 단어입니다.
소리 내어 읽으면서 써보세요.

단어	뜻	쓰기	단어	뜻	쓰기
1 short	짧은		14 dolphin	돌고래	
2 angry	화난		15 delicious	맛있는	
3 clean	깨끗한		16 low	낮은	
4 first	처음의, 첫 번째의		17 sunny	맑은, 화창한	
5 weak	약한		18 sour	맛이 신, 맛이 상한	
6 bright	밝은		19 high	높은	
7 healthy	건강한		20 lake	호수	
8 space	공간		21 dirty	더러운	
9 towel	수건		22 tea	차	
10 doughnut	도넛		23 add	추가하다, 더하다	
11 September	9월		24 easy	쉬운	
12 yacht	요트		25 quiet	조용한	
13 movie	영화				

☆ **Word Review**에서 학습한 25개 단어는 워크북 27쪽에서 테스트해 볼 수 있습니다.

4

기수와 서수

DAY 10

1. 기수

기수는 하나, 둘, 셋, 넷 등 사람이나 사물의 수, 나이, 숫자, 전화번호 등을 말할 때 쓰는 숫자입니다.

기수			
1	one	14	fourteen
2	two	15	fifteen
3	three	16	sixteen
4	four	17	seventeen
5	five	18	eighteen
6	six	19	nineteen
7	seven	20	twenty
8	eight	21	twenty-one
9	nine	22	twenty-two
10	ten	30	thirty
11	eleven	40	forty
12	twelve	50	fifty
13	thirteen	100	one hundred

정답 및 해설 p. 07

Quiz

다음 문장에서 기수에 밑줄 치세요.

1. Sean is eleven years old. Sean은 11살이다.

2. I have four notebooks in my bag. 나는 가방에 공책이 네 권 있다.

3. The old man is one hundred years old. 그 나이 든 남자는 100살이다.

4. They buy thirty eggs in the market. 그들은 시장에서 달걀 30개를 산다.

5. We need seven balls. 우리는 공 일곱 개가 필요하다.

058 초등영문법 Level 2

2. 서수

서수는 첫 번째, 두 번째, 세 번째 등 순서, 차례, 학년, 층수 등을 말할 때 쓰는 숫자입니다. 서수는 '기수 + th'를 기본 형태로 해서 만들어요. 서수 앞에는 the를 붙입니다.

서수			
1st	**first**	14th	fourteenth
2nd	**second**	15th	fifteenth
3rd	**third**	16th	sixteenth
4th	fourth	17th	seventeenth
5th	**fifth**	18th	eighteenth
6th	sixth	19th	nineteenth
7th	seventh	20th	**twentieth**
8th	eighth	21st	**twenty-first**
9th	**ninth**	22nd	**twenty-second**
10th	tenth	30th	**thirtieth**
11th	eleventh	40th	**fortieth**
12th	**twelfth**	50th	**fiftieth**
13th	thirteenth	100th	one hundredth

21부터는 일의 자리만 서수로 바꿔 줍니다.

Quiz

정답 및 해설 p. 07

서수가 들어간 문장은 '서수'에, 기수가 들어간 문장은 '기수'에 표시하세요.

1. Today is Elly's eighth birthday. 오늘은 Elly의 여덟 번째 생일이다. [서수 / 기수]
2. I have four white balls. 나는 흰 공이 네 개 있다. [서수 / 기수]
3. The shop is on the tenth floor. 그 가게는 10층에 있다. [서수 / 기수]
4. My brother is fifteen years old. 나의 형은 15살이다. [서수 / 기수]
5. Jimmy's grandpa is one hundred years old. Jimmy의 할아버지는 100세이시다. [서수 / 기수]

Build Up

A 다음 중 알맞은 말을 골라 빈칸에 쓰세요.

1. fiveth / fifth → Ethan is in the _____ grade.
   Ethan은 5학년이다.

2. two / second → This is the _____ chance.
   이것은 두 번째 기회이다.

3. three / third → Fred needs _____ bottles of water.
   Fred는 물 세 병이 필요하다.

4. ninth / nineth → The _____ question is easy.
   아홉 번째 질문은 쉽다.

5. eleven / eleventh → My father works on the _____ floor.
   나의 아버지는 11층에서 일하신다.

6. thirteen / thirteenth → Brian is _____ years old.
   Brian은 13살이다.

B 다음 문장에서 밑줄 친 영어가 나타내는 아라비아 숫자를 쓰세요.

1. The woman buys <u>forty</u> pencils. → _____

2. Today is my sister's <u>fifth</u> birthday. → _____

3. He writes his <u>twenty-first</u> book. → _____

4. Please show me the <u>fourteenth</u> card. → _____

5. December is the <u>twelfth</u> month of the year. → _____

6. I write a letter for my aunt's <u>fiftieth</u> birthday. → _____

C 우리말 뜻과 일치하도록 밑줄 친 부분을 바르게 고쳐 쓰세요.

1. The man goes down to the <u>five</u> floor.

그 남자가 5층으로 내려간다.

→ _____

2. We have <u>thirteen</u> chairs in this room.

우리는 이 방에 의자 30개가 있다.

→ _____

3. The <u>fifteen</u> question is difficult.

열다섯 번째 문제는 어렵다.

→ _____

4. What is the <u>four</u> picture?

네 번째 그림은 무엇이니?

→ _____

5. Today is Ms. Brown's <u>forty-three</u> birthday.

오늘은 Brown 씨의 43번째 생일이다.

→ _____

6. Push the <u>nine</u> button.

아홉 번째 버튼을 눌러라.

→ _____

D 우리말 뜻과 일치하도록 빈칸에 알맞은 영어를 쓰세요.

1. My uncle lives on the _____ floor.

나의 삼촌은 20층에 사신다.

2. We need _____ erasers now.

우리는 지금 지우개 27개가 필요하다.

3. Jenny is the _____ player.

Jenny는 열일곱 번째 선수이다.

4. The computer room is on the _____ floor.

컴퓨터실은 3층에 있다.

5. June is the _____ month of the year.

6월은 1년 중 여섯 번째 달이다.

6. Tomorrow is my mother's _____ birthday.

내일은 나의 엄마의 40번째 생신이다.

DAY 11

3. 숫자, 전화번호, 화폐 읽는 법

우리는 생활에서 숫자를 많이 씁니다. 숫자, 전화번호, 돈을 나타내는 다양한 숫자를 영어로 읽는 규칙을 확인해 보세요.

종류	규칙	예
숫자	세 자리씩 끊어 읽기	· 57 → fifty-seven · 524 → five hundred twenty-four · 1,703 → one thousand, seven hundred three · 6,099 → six thousand, ninety-nine · 7,000 → seven thousand ◐ hundreds 또는 thousands로 읽지 않도록 하세요.
전화번호	한 자리씩 기수로 읽기	· 436 - 7925 → four three six, seven nine two five · (715) 309 - 8945 → seven one five, three oh[zero] nine, eight nine four five ◐ 0은 zero라고 읽기도 하고, oh로도 읽어요!
돈	'숫자 + 화폐 단위'로 읽기	· $45 → forty-five dollars · $819 → eight hundred nineteen dollars

Quiz

정답 및 해설 p. 07

숫자를 바르게 읽었으면 ○에, 틀리게 읽었으면 ✕에 표시하세요.

1. 198 → one hundred ninety-eight [○ / ✕]

2. $24 → twenty-four dollars [○ / ✕]

3. 270-5475 → two seven zero, five four seven five [○ / ✕]

4. $503 → five thousand three dollars [○ / ✕]

5. 806 → eighty six [○ / ✕]

4. 연도, 월, 일 읽는 법

날짜, 월, 연도 등의 숫자를 영어로 읽는 규칙을 확인해 보세요.

종류	규칙	예
연도	뒤에서 두 자리씩 끊어 읽기	• 1058년 → ten fifty-eight • 1999년 → nineteen ninety-nine • 1800년 → eighteen hundred • 2004년 → two thousand four • 2020년 → twenty twenty ○ 2020년을 'two thousand twenty'라고 읽을 수도 있어요.
월/일	월-일 순서로 읽기	• 1월 1일 → January (the) first / the first of January • 3월 14일 → March (the) fourteenth • 7월 29일 → July twenty-ninth • 11월 30일 → November thirtieth
년/월/일	월-일-년 순서로 읽기	• 2024년 5월 13일 → May (the) thirteenth, two thousand twenty four • 2011년 10월 22일 → October (the) twenty-second, two thousand eleven

Quiz

정답 및 해설 p. 07

숫자를 바르게 읽었으면 ○에, 틀리게 읽었으면 ✕에 표시하세요.

1. 2021년 → two thousand twenty first [○ / ✕]

2. 12월 31일 → December thirty-first [○ / ✕]

3. 2016년 2월 12일 → February twelfth, twenty sixteen [○ / ✕]

4. 1995년 → ninety ninety-five [○ / ✕]

5. 2010년 6월 5일 → June fifth, two thousand ten [○ / ✕]

Build Up

A 주어진 숫자를 영어로 바르게 쓰세요.

1.　　79　　→ _____

2.　　394　　→ three _____ ninety-four

3.　　5,280　　→ _____ _____, two hundred
_____

4.　　6,009　　→ six _____ _____

5.　　704-2059　　→ seven _____ four, _____
_____ five nine

6.　　$170　　→ _____ _____ seventy
_____

7.　　$92　　→ _____ dollars

8.　　401　　→ _____ hundred _____

B 영어를 보고, 빈칸에 알맞은 아라비아 숫자를 쓰세요.

1. seven thousand, nine hundred sixty one　　→ _____

2. three hundred forty-seven dollars　　→ $ _____

3. nine thousand, one hundred thirty-three　　→ _____

4. six hundred eighty-three dollars　　→ $ _____

5. two thousand sixteen　　→ _____ 년

6. March twelfth　　→ _____ 월 _____ 일

7. oh two five, seven eight seven, two four three six
　　→ (025) _____ – _____

C 그림을 보고, 빈칸에 알맞은 영어를 써서 문장을 완성하세요.

1. We go on a picnic on _____.

   우리는 6월 2일에 소풍을 간다.

2. Please call me at _____.

   나에게 450-8207로 전화해 줘.

D 다음 문장에서 밑줄 친 부분을 영어로 쓰세요.

1. About <u>620</u> students are in the ground.

   학생들 약 620명이 운동장에 있다.

   → _____

2. I have <u>$550</u> now.

   나는 지금 550달러가 있다.

   → _____

3. To me, <u>2002</u> was an important year.

   나에게 2002년은 중요한 해였다.

   → _____

4. Today is August <u>8, 2023</u>.

   오늘은 2023년 8월 8일이다.

   → _____

5. Christmas is on December <u>25</u>.

   크리스마스는 12월 25일이다.

   → _____

Review Test

[1-2] 다음 기수와 서수의 짝 중에서 <u>잘못된</u> 것을 고르세요.

1 ① five − fifth
  ② nine − ninth
  ③ three − threeth
  ④ thirty − thirtieth

2 ① two − second
  ② twenty − twentyth
  ③ forty-one − forty-first
  ④ eighty − eightieth

[3-5] 다음 중 숫자를 <u>잘못</u> 읽은 것을 고르세요.

3 ① 12: twelve
  ② 504: five hundred four
  ③ 960: nine hundred sixteen
  ④ 7,011: seven thousand, eleven

4 ① 1830년: eighty third
  ② 2010년: two thousand ten
  ③ $51: fifty-one dollars
  ④ $1,650: one thousand six hundred fifty dollars

5 ① 9월 8일: September eighth
  ② 1700년 4월 10일: April tenth, seventeen thousand
  ③ 2023년 12월 12일: December twelfth, two thousand twenty three
  ④ 421−0983: four two one, zero nine eight three

[6-8] 서수를 기수로, 기수를 서수로 바르게 고친 것을 고르세요.

6 We live on the <u>nine</u> floor.
  ① nineth   ② ninth
  ③ ninety   ④ nineteen

7 Lydia is in the <u>four</u> grade.
  ① fourth   ② forth
  ③ forty   ④ fourteen

8 He needs <u>twelfth</u> forks.
  ① twelf   ② twelv
  ③ twentieth   ④ twelve

[9-10] 다음 밑줄 친 부분을 바르게 읽은 것을 고르세요.

9 I run <u>2,450</u> meters every day.
  → (two thousand, four hundred fifty / two thousand, four hundred fifteen)

10 Today is <u>October 1, 1990</u>.
  → (nineteen ninety, October first / October first, nineteen ninety)

[11-12] 다음 밑줄 친 부분을 바르게 나타낸 것을 고르세요.

11

Those pants are <u>one hundred forty-five dollars.</u>

① $1,045　　② $1,450

③ $145　　④ $154

12

Tomorrow is <u>July thirty-first, eighteen fifty.</u>

① 1815년 6월 31일

② 1850년 6월 13일

③ 1815년 7월 13일

④ 1850년 7월 31일

[13-15] 다음 네모 안의 말을 영어로 바르게 써보세요.

13　7,801

→ _____

14　2009년 11월 2일

→ _____

15　$880

→ _____

[16-18] 다음 밑줄 친 부분을 바르게 고쳐 쓰세요.

16

Molly and I are in the <u>five</u> grade.

Molly와 나는 5학년이다.

→ _____

17

Cindy has <u>seventh</u> shirts.

Cindy는 셔츠 일곱 벌을 가지고 있다.

→ _____

18

Today we go to Dora's <u>twenty</u> birthday party.

오늘 우리는 Dora의 20번째 생일파티에 간다.

→ _____

중학교 시험에는 이렇게!

| 서울 ○○중 응용 |

[19-20] 다음 중 <u>잘못된</u> 문장을 고르세요.

19 ① My aunt has three daughters.

② Today is Tom's ninth birthday.

③ Her office is on the six floor.

④ I borrow two bowls from Jane.

⑤ I'm in the second grade.

20 ① Vicky is thirteenth years old.

② The third question is not easy.

③ His son is in the fourth grade.

④ Mr. Turner has twelve puppies.

⑤ Julie lives on the eleventh floor.

Word Review

다음은 **Chapter 4**에 사용된 주요 단어입니다.
소리 내어 읽으면서 써보세요.

단어	뜻	쓰기	단어	뜻	쓰기
1 January	1월		14 second	두 번째	
2 February	2월		15 third	세 번째	
3 March	3월		16 hundred	백, 100	
4 April	4월		17 thousand	천, 1,000	
5 May	5월		18 floor	층, 바닥	
6 June	6월		19 grade	학년, 등급	
7 July	7월		20 chance	기회	
8 August	8월		21 fork	포크	
9 September	9월		22 office	사무실	
10 October	10월		23 borrow	빌리다	
11 November	11월		24 bowl	(오목한) 그릇	
12 December	12월		25 puppy	강아지	
13 first	첫 번째				

☆ **Word Review**에서 학습한 25개 단어는 워크북 36쪽에서 테스트해 볼 수 있습니다.

Mid-Term

Mid-Term

1 동사원형과 **3**인칭 단수 현재형이 잘못 짝지어진 것을 고르세요.

① walk – walks ② study – studys

③ pay – pays ④ push – pushes

[2-4] 다음 괄호 안에서 알맞은 말을 고르세요.

2 (Her son / My parents) needs a new table.

3 (Is / Does) she have breakfast every day?

4 Andy and Bob (don't / doesn't) enjoy the party.

[5-6] 다음 밑줄 친 부분이 틀린 것을 고르세요.

5 ① That truck <u>runs</u> so fast.

② Her brother <u>teaches</u> science.

③ The cook <u>mix</u> butter and sugar.

④ He <u>does</u> his homework after school.

6 ① Does he <u>has</u> some paper?

② My aunt <u>doesn't</u> play golf.

③ We <u>don't</u> carry the books.

④ Tigers <u>don't</u> have wings.

7 괄호 안의 말을 사용해 문장을 완성하세요.

Sam은 일요일에 일하지 않는다. (work)

→ _____ on Sunday.

[8-9] 빈칸에 알맞은 말로 짝지어진 것을 고르세요.

8
· Those women _____ like Chinese food.

· Chris _____ have English class today.

① don't – doesn't

② don't – isn't

③ doesn't – don't

④ aren't – doesn't

9
· Your sisters _____ remember my name.

· These flowers _____ smell good.

① aren't – don't

② don't – don't

③ don't – doesn't

④ doesn't – doesn't

10 다음 의문문에 알맞은 대답을 쓰세요.

A: Does your son ride a bike?

B: Yes, _____.

11 다음 대화의 빈칸에 알맞은 것을 고르세요.

> A: _____ before 5 p.m.?
> B: No, it doesn't.

① Does the library closes

② Does the library close

③ Do the library closes

④ Do the library close

[12-13] 다음 문장을 괄호 안의 지시대로 바꿔 문장을 완성하세요.

12

> Clara's baby cries every night.
> (의문문으로)

→ _____ every night?

13

> My cousin lives in South Africa.
> (부정문으로)

→ _____ in South Africa.

[14-15] 밑줄 친 부분을 바르게 고쳐 문장을 다시 쓰세요.

14

> Does your uncle <u>enjoys</u> table tennis?

→ _____

15

> Fiona <u>have</u> some old jackets.

→ _____

16 다음 중 의미가 반대인 형용사끼리 짝지어지지 <u>않은</u> 것을 고르세요.

① heavy − light

② rich − expensive

③ strong − weak

④ healthy − sick

[17-18] 다음 문장의 빈칸에 알맞은 말을 고르세요.

17

> Justin buys _____ bread at the bakery.

① a few   ② many

③ few   ④ a lot of

18

> A _____ boy is in the swimming pool.

① little   ② few

③ lot of   ④ lots of

[19-21] 문장의 빈칸에 알맞지 <u>않은</u> 말을 고르세요.

19

> He doesn't have much _____.

① money   ② time

③ friends   ④ water

20

> They need a lot of _____.

① sugar   ② butter

③ milk   ④ tomato

21

> My sister buys a few _____ .

① eggs ② paper
③ cookies ④ pencils

[22-23] 우리말과 같도록 괄호 안의 말을 사용해 문장을 완성하세요.

22

> 그는 오늘 일이 약간 있다.

→ (little, work) He has _____ today.

23

> 그 가수는 매년 노래를 몇 곡 만든다.

→ (few, song) The singer makes _____ every year.

[24-25] 다음 중 숫자를 잘못 읽은 것을 고르세요.

24 ① 2006년: two thousand six
② $31: thirty-one dollars
③ $194: one hundred nineteen four dollars
④ 508-2263: five zero eight, two two six three

25 ① 1,805: one thousand, eight hundred five
② 2018년: two thousand eighteen
③ 1921년: nineteen twenty-first
④ $605: six hundred five dollars

26 밑줄 친 영어가 나타내는 숫자가 잘못된 것을 고르세요.

① My aunt is forty-nine years old. → 49
② October is the tenth month of the year. → 10
③ Becky lives on the twelfth floor. → 20
④ Tomorrow is my thirty-sixth birthday. → 36

[27-28] 다음 우리말 뜻과 같도록 빈칸에 알맞은 말을 영어로 쓰세요.

27

> 내 생일은 12월 25일이다.

→ My birthday is on _____ .

28

> 나는 431달러를 가지고 있다.

→ I have _____ dollars.

[29-30] 다음 문장에서 잘못된 부분을 바르게 고쳐 문장을 다시 쓰세요.

29

> The company is on the eight floor.

→ _____

30

> I have ninth potatoes in my bag.

→ _____

CHAPTER

5

some, any, every, all

1. some과 any (1)

some과 any는 명사를 수식하며, '몇몇 ~, 약간의 ~, 조금의 ~'라는 뜻입니다.

some		
긍정문	~이 조금 있어.	• I have **some** postcards. 나는 엽서가 몇 장 있어. • We have **some** water. 우리는 물이 좀 있어.
의문문	좀 ~할래? / 좀 ~해도 되니?	• (권유) Do you want **some** pizza? 피자 좀 먹을래? • (부탁) Can I have **some** water? 물을 좀 마셔도 될까?

any는 부정문에서 '전혀 ~없는, 조금도 ~ 없는'이라는 뜻을 나타냅니다.

any		
부정문	전혀 ~ 없어[않아]. / 조금도 ~ 없어[않아].	• I don't have **any** notebooks. 나는 공책이 전혀 없어. • They don't have **any** paper. 그들은 종이가 전혀 없어.
의문문	~이 좀 있니?	• Does he have **any** water? 그에게 물이 좀 있니?

무조건 긍정문일 때 some, 부정문일 때 any를 쓴다고 외우지 말고, some과 any가 어떤 느낌으로 쓰이는지 익히는 것이 좋습니다.

- **Some** students don't like sports. 몇몇 학생들은 스포츠를 좋아하지 않는다.
  ◉ 부정문이지만 Some도 가능합니다. 명사 StudentS를 부정하는 것이 아니기 때문입니다.
- **Any** student can come to the party. 어떠한 학생이든(= 모든 학생은) 그 파티에 올 수 있다.
  ◉ 또한 any도 긍정문에 쓸 수 있습니다. 이때는 '모든 ~, 어떠한 ~이든'이라는 뜻입니다.

정답 및 해설 p. 09

다음 우리말 뜻에 알맞도록 some 또는 any에 동그라미 하세요.

1. They don't have (some / any) rice. 그들은 쌀이 전혀 없다.

2. I have (some / any) money in my pocket. 나는 주머니에 돈이 좀 있다.

3. Jack doesn't drink (some / any) Coke. Jack은 콜라를 전혀 마시지 않는다.

4. I don't know (some / any) players in that team. 나는 저 팀의 선수를 전혀 모른다.

5. Can I use (some / any) sugar? 내가 설탕을 좀 써도 될까?

2. some과 any(2)

some과 any는 수와 양을 둘 다 나타내므로, 뒤에 셀 수 있는 명사와 셀 수 없는 명사가 모두 올 수 있습니다.

some + 명사			
some	+ 복수 명사	수	• Do you need **some toys?** 너 장난감이 좀 필요하니? • Chris has **some maps.** Chris는 지도가 좀 있다.
	+ 셀 수 없는 명사	양	• Do you make **some bread?** (breads ×) 너 빵을 좀 만드니? • Peter needs **some salt.** (salts ×) Peter는 소금이 좀 필요하다.

any + 명사			
any	+ 복수 명사	수	• He doesn't eat **any carrots.** 그는 당근을 전혀 먹지 않는다. • Do you know **any** Korean **singers?** 너는 한국 가수를 좀 아니?
	+ 셀 수 없는 명사	양	• He doesn't eat **any sugar.** (sugars ×) 그는 설탕을 전혀 먹지 않는다. • We don't want **any coffee.** (coffees ×) 우리는 커피를 전혀 원하지 않는다.

any 뒤에 셀 수 있는 명사의 단수형도 올 수 있습니다. '어떠한 ~이든지'라는 뜻이 됩니다.
• You can buy **any robot** here. 여기서 어떠한 로봇이든지 살 수 있다.

정답 및 해설 p. 09

다음 괄호 안에서 알맞은 말에 동그라미 하세요.

1. Would you like some (peanut / peanuts)? 땅콩 좀 드시겠어요?

2. Does Anna need any (paper / papers)? Anna는 종이가 좀 필요하니?

3. She carries some (sand / sands) in the bowl. 그녀는 그릇에 모래를 좀 옮긴다.

4. Can I buy some (cheese / cheeses) at the store? 저 상점에서 치즈를 좀 살 수 있니?

5. I don't like any (tea / teas). 나는 어떠한 차도 좋아하지 않는다.

Build Up

A 다음 중, 알맞은 말을 골라 빈칸에 쓰세요.

1. some / any → His family doesn't have _____ cars.
   그의 가족은 자동차가 전혀 없다.

2. some / any → Can I get _____ hot water?
   뜨거운 물을 좀 얻을 수 있나요?

3. some / any → Lily doesn't watch _____ TV shows.
   Lily는 TV 쇼를 전혀 보지 않는다.

4. some / any → My mom washes _____ vases in the bathroom.
   엄마가 욕실에서 꽃병 몇 개를 씻으신다.

B 다음 우리말과 일치하도록 빈칸에 알맞은 말을 쓰세요.

1. Sorry, but we don't provide _____ ice cream for dessert.
   죄송합니다만 저희는 후식으로 아이스크림을 전혀 제공하지 않습니다.

2. Can I borrow _____ olive oil?
   제가 올리브유를 좀 빌려도 될까요?

3. My husband doesn't eat _____ fish.
   나의 남편은 생선을 전혀 먹지 않는다.

4. _____ people don't listen to any music.
   몇몇 사람들은 음악을 전혀 듣지 않는다.

5. _____ player can come to her birthday party.
   어떠한 선수든지 그녀의 생일파티에 올 수 있다.

C 다음 그림을 보고, **some** 또는 **any** 중 알맞은 말을 써보세요.

1. Kevin has _____

   _____.

2. My mom doesn't drink

   _____ _____.

3. Hana needs _____

   _____.

4. Ella has _____

   _____.

D 다음 밑줄 친 부분을 바르게 고쳐 쓰세요.

1. My parents don't know <u>some actors</u>.　　　→　_____

   나의 부모님은 배우들을 전혀 모르신다.

2. I don't have <u>some salt</u> in the bottle.　　　→　_____

   나는 병에 소금이 전혀 없다.

3. Would you like <u>some tomato</u>?　　　→　_____

   토마토를 좀 드시겠어요?

4. We don't have <u>some homework</u> today.　　　→　_____

   우리는 오늘 숙제가 전혀 없다.

3. every

every는 '모든 ~, 매~, ~마다'라는 뜻입니다. 의미는 모두이지만 '각각의' 사람/사물을 가리키므로 every 뒤에는 항상 단수 명사를 씁니다.

▶ 주어가 「every + 단수 명사」일 때 3인칭 단수 동사를 씁니다.

형태	의미	예문
every + 단수 명사	모든 ~	· I know **every child** in the room. 나는 방에 있는 모든 아이를 안다.
	매~, ~마다	· Jack watches TV **every night**. Jack은 매일 밤 TV를 본다. · My friends and I play tennis **every weekend**. 내 친구들과 나는 주말마다 테니스를 친다.

every day

How often? 얼마나 자주?

All of these days

Mon   Tues   Wed   Thur   Fri   Sat   Sun

· I read English novels **every day**. 나는 매일 영어 소설을 읽는다.

Quiz

정답 및 해설 p. 10

다음 문장에서 밑줄 친 부분이 옳으면 ○, 틀리면 ×에 표시하세요.

1. Sam plays the violin <u>every day</u>. Sam은 매일 바이올린을 연주한다. [○ / ×]

2. Here <u>every students</u> has a small cup. 여기서 모든 학생이 작은 컵을 가지고 있다. [○ / ×]

3. Do you visit your grandparents <u>every month</u>? 너희 조부모님을 매달 방문하니? [○ / ×]

4. <u>Every bird</u> has wings. 모든 새는 날개가 있다. [○ / ×]

5. We go fishing <u>every Sundays</u>. 우리는 일요일마다 낚시하러 간다. [○ / ×]

4. all

all은 '모든 ~'이라는 뜻입니다. 셀 수 있는 명사일 때 all 뒤에는 복수 명사가 옵니다. 주어가 「all + 복수 명사」이면 복수 동사를 씁니다.

형태	의미	예문
all + 복수 명사 (가산)	모든 ~	• **All students** learn math at school. 모든 학생은 학교에서 수학을 배운다. • **All these cameras** are expensive. 이 카메라들은 모두 비싸다. ▶ all과 명사 사이에 the, these, your 등이 올 수도 있어요!

all 뒤에 셀 수 없는 명사가 올 수도 있어요. 주어가 「all + 단수 명사」일 때는 단수 동사를 씁니다.

형태	의미	예문
all + 단수 명사 (불가산)	모든 ~	• He lost **all his money.** 그는 자기 돈을 모두 잃었다. • **All the bread** looks delicious. 모든 빵이 맛있어 보인다.

시간을 나타내는 명사와 함께 all을 쓰면 '~ 내내'라는 뜻입니다. 이때 시간 명사는 a(n) 또는 the 없이 단수형으로 씁니다.

형태	의미	예문
all + 시간 명사 (단수형)	~ 내내	• My cat sleeps **all day** long. (all a̲ day × / all days̲ ×) 나의 고양이는 하루 종일 잔다. ▶ long을 함께 쓰면 의미가 강조됩니다.

Quiz

정답 및 해설 p. 10

다음 문장에서 밑줄 친 부분이 옳으면 ○, 틀리면 ×에 표시하세요.

1. **All the boys** are from Italy. 모든 소년이 이탈리아 출신이다.   [○ / ×]

2. I'm at home **all mornings.** 나는 오전 내내 집에 있다.   [○ / ×]

3. **All worker** look busy today. 오늘 모든 직원이 바빠 보인다.   [○ / ×]

4. Do you use **all this sugar?** 이 설탕을 모두 사용하니?   [○ / ×]

5. **All elephants** have a long nose. 모든 코끼리는 코가 길다.   [○ / ×]

Build Up

A 다음 중, 알맞은 말을 골라 빈칸에 쓰세요.

1. all / every → _____ child has some paper in his or her bag.
   모든 아이가 자기 가방에 종이를 좀 가지고 있다.

2. all / every → Does that machine work _____ day?
   저 기계는 하루 종일 작동하나요?

3. all / every → We go to the department store _____ Friday.
   우리는 매주 금요일에 백화점에 간다.

4. all / every → _____ rabbits have big ears.
   모든 토끼는 귀가 크다.

B 그림을 보고, **all** 또는 **every** 중에 알맞은 말을 써보세요.

1. We ride a skateboard _____ weekend.
   우리는 주말마다 스케이트보드를 탄다.

2. Joe reads funny books _____ night.
   Joe는 밤새 재미있는 책을 읽는다.

3. Minho sleeps _____ day long.
   민호는 하루 종일 잠을 잔다.

4. My father drinks tea _____ morning.
   나의 아버지는 매일 아침 차를 드신다.

5. _____ giraffe has a long neck.
   모든 기린은 목이 길다.

6. _____ spiders have eight legs.
   모든 거미는 다리가 여덟 개다.

C 주어진 단어를 그대로 쓰거나 바꿔서 빈칸에 알맞게 써보세요.

• student → All _____students_____ have a smartphone.

모든 학생이 스마트폰을 가지고 있다.

---

1. night → Joan works all _____ long.

Joan은 밤새도록 일한다.

2. friend → My parents remember all my _____.

나의 부모님은 내 친구를 모두 기억하신다.

3. skirt → All these _____ look nice.

이 치마들 모두 좋아 보인다.

4. children → Every _____ plays the guitar.

모든 아이가 기타를 연주한다.

5. year → Do you feel cold all _____ long?

너는 일 년 내내 춥다고 느끼니?

6. cookie → All the _____ taste good.

모든 쿠키가 맛이 좋다.

7. Monday → My uncles go fishing every _____.

나의 삼촌들은 월요일마다 낚시하러 가신다.

8. song → Does he like all his _____?

그는 모든 자기 노래를 좋아하니?

9. vegetable → Don't you eat all the _____?

너는 모든 채소를 안 먹니?

10. question → Luna can answer all those _____.

Luna는 그 모든 질문에 답할 수 있다.

Review Test

[1-2] 다음 중 밑줄 친 부분이 잘못된 것을 고르세요.

1
① I have <u>some</u> sandwiches.
② <u>Some</u> girls ride a bicycle.
③ Can I have <u>some</u> green tea?
④ They don't need <u>some</u> grapes.

2
① <u>All the man</u> play chess.
② Jane jogs <u>every morning</u>.
③ The baby sleeps <u>all night</u>.
④ <u>Every child</u> likes the teacher.

[3-5] 〈보기〉에서 다음 문장의 빈칸에 알맞은 말을 골라 쓰세요.

보기	some all any every

3
My sister buys _____ bread at the bakery.
내 여동생은 빵집에서 빵을 좀 산다.

4
Harry doesn't have _____ money now.
Harry는 지금 돈이 전혀 없다.

5
They remember _____ story in the movie.
그들은 그 영화의 모든 이야기를 기억한다.

[6-7] 밑줄 친 부분을 바르게 고친 것을 고르세요.

6
Would you like <u>any coffee</u>?
커피 좀 드시겠습니까?

① any coffees   ② some coffee
③ every coffee   ④ some coffees

7
<u>Every students</u> learns English at school.
모든 학생이 학교에서 영어를 배운다.

① All student   ② Any students
③ All students   ④ Every student

8 우리말을 영어로 바꿀 때 알맞은 것을 고르세요.

Ed는 어떤 한국 소설이든지 좀 알고 있니?

→ Does Ed know (every Korean novel / any Korean novels)?

[9-10] 다음 중 빈칸에 들어갈 수 <u>없는</u> 것을 고르세요.

9
_____ children play badminton after school.

① Some   ② All
③ Every   ④ Few

10
My father likes all _____.

① movies   ② vegetable
③ trees   ④ flowers

11 우리말을 영어로 바르게 옮긴 것을 고르세요.

> 나는 매일 밤 일기를 쓴다.

① I keep a diary all night.
② I keep a diary every night.
③ I keep a diary some nights.
④ I keep a diary every nights.

[12-13] 우리말 뜻과 같도록 괄호 안에서 알맞은 말을 고르세요.

12

> Mike는 닭고기를 전혀 먹지 않는다.

→ Mike doesn't eat (some / any) chicken.

13

> 그곳의 모든 가게는 오전 10시 30분에 문을 연다.

→ (All / Every) store there opens at 10:30 a.m.

14 우리말 뜻과 같도록 빈칸에 알맞은 말을 쓰세요.

> 나의 가족은 그 박물관을 매년 방문한다.

→ My family visits the museum _____ _____ .

[15-16] 밑줄 친 부분을 바르게 고쳐 문장을 다시 쓰세요.

15

> All the butterfly are from the garden.

→ _____

16

> Every women on the street has a small bag.

→ _____

| 경남 ○○중 응용 |

17 다음 중 밑줄 친 부분이 <u>잘못된</u> 문장을 고르세요.

① We didn't sleep well <u>all night</u>.
② <u>All your books</u> are interesting.
③ <u>Any student</u> can use the music room.
④ Does Fred go shopping <u>every months</u>?
⑤ Would you like <u>some bananas</u>?

| 경기 ○○중 응용 |

18 다음 중 <u>잘못된</u> 문장을 고르세요.

① All the babies look healthy.
② I don't have any socks today.
③ Would you like some orange juices?
④ Does every company have a refrigerator?
⑤ Give me all the water.

Word Review

다음은 **Chapter 5**에 사용된 주요 단어입니다.
소리 내어 읽으면서 써보세요.

단어	뜻	쓰기	단어	뜻	쓰기
1 postcard	엽서		14 department store	백화점	
2 actor	남자 배우		15 pocket	주머니	
3 giraffe	기린		16 green tea	녹차	
4 peanut	땅콩		17 chess	체스	
5 bathroom	욕실		18 bakery	빵집	
6 vase	꽃병		19 badminton	배드민턴	
7 worker	직원, 노동자		20 map	지도	
8 provide	제공하다		21 dessert	후식, 디저트	
9 sand	모래		22 machine	기계	
10 question	질문		23 answer	대답하다; 대답	
11 learn	배우다		24 spider	거미	
12 novel	소설		25 refrigerator	냉장고	
13 Italy	이탈리아				

☆ **Word Review**에서 학습한 25개 단어는 워크북 45쪽에서 테스트해 볼 수 있습니다.

CHAPTER

6

부사

1. 부사의 형태

대부분의 부사는 「형용사 + -ly」로 만듭니다. 하지만 형용사의 형태가 각각 다르므로 부사를 만드는 규칙 또한 조금씩 다릅니다.

종류		예
대부분의 부사	형용사 + -ly	quick 빠른 → quickly 빠르게 safe 안전한 → safely 안전하게 careful 조심스러운 → carefully 조심스럽게
자음 + y로 끝나는 형용사	y를 i로 바꾸고 + -ly	easy 쉬운 → easily 쉽게 busy 바쁜 → busily 바쁘게 heavy 무거운 → heavily 무겁게
형용사와 부사의 형태가 같은 경우		fast 빠른 → fast 빨리 early 이른 → early 이르게, 일찍
형용사와 부사의 형태가 같지만 뜻이 달라지는 경우		pretty 예쁜 → pretty 꽤, 매우
형용사와 부사의 형태가 전혀 다른 경우		good 좋은, 훌륭한 → well 잘

형용사와 부사의 형태가 같을 때, -ly가 붙으면 뜻이 달라집니다.

-ly가 붙을 때 뜻에 유의할 부사	late 늦은 → late 늦게 / lately 최근에 high 높은 → high 높게 / highly 매우, 상당히 hard 열심히 하는, 단단한, 힘든 → hard 열심히 / hardly 거의 ~ 않다

▶ I hardly eat beans. (나는 콩을 거의 먹지 않는다.)

정답 및 해설 p. 11

Quiz

[1-2] 다음 중 형용사를 부사로 잘못 바꾼 것을 고르세요.

1. ① quick(빠른) → quickly(빠르게)
   ③ nice(멋진) → nicely(멋지게)
   ② beautiful(아름다운) → beautifully(아름답게)
   ④ hard(열심히 하는) → hardly(열심히)

2. ① real(진짜인) → really(정말로, 진짜)
   ③ happy(기쁜) → happyly(기쁘게)
   ② kind(친절한) → kindly(친절하게)
   ④ honest(정직한) → honestly(정직하게)

2. 부사의 역할과 의미

부사는 형용사, 동사, 또 다른 부사, 문장 전체를 꾸며줍니다. 하지만 부사는 절대로 명사를 꾸며줄 수 없어요. 명사를 꾸며주는 것은 형용사입니다.

부사의 역할	예
형용사 수식	• You look **so** good today. 너는 오늘 매우 좋아 보여.
동사 수식	• She runs **fast**. 그는 빨리 달린다.
또 다른 부사 수식	• He sings **very** well. 그는 노래를 매우 잘한다.
문장 수식	• **Luckily**, I can buy the gloves. 운 좋게, 나는 그 장갑을 살 수 있다.

• It's an **easy** question. (○) ➡ It's an **easily** question. (✕) ◉ 부사 easily는 명사 question을 수식할 수 없어요!

부사는 시간, 장소, 방법, 빈도 또는 정도 등을 나타냅니다.

시간 (언제)	• I'm so happy **now**. 나는 지금 너무 행복하다.
장소 (어디서)	• Do you go **there** by bus? 거기에 버스로 가니?
방법 (어떻게)	• They walk **slowly**. 그들은 천천히 걷는다.
빈도 (얼마나)	• I **often** write letters. 나는 자주 편지를 쓴다.

정답 및 해설 p. 11

밑줄 친 부사가 꾸며주는 말에 동그라미 하세요.

1. My father cooks <u>well</u>. 나의 아버지는 요리를 잘하신다.

2. The water is <u>so</u> hot. 물이 매우 뜨겁다.

3. Amy dances <u>very</u> well. Amy는 춤을 아주 잘 춘다.

4. David <u>really</u> likes the movie. David는 그 영화를 정말 좋아한다.

5. We are <u>so</u> hungry. 우리는 매우 배가 고프다.

6. Those shoes are <u>too</u> dirty. 저 신발들은 너무 더럽다.

Build Up

A 주어진 형용사를 부사로 바꿔 쓰고, 부사의 우리말 뜻을 쓰세요.

- careful → __carefully: 조심스럽게__

1. happy → _____ : _____

2. quiet → _____ : _____

3. easy → _____ : _____

4. heavy → _____ : _____

B 다음 중, 알맞은 말을 골라 빈칸에 쓰세요.

1. high / highly → The bird flies _____.
새가 높이 난다.

2. late / lately → My brother goes to sleep _____.
나의 형은 늦게 잠에 든다.

3. well / very → The tree grows _____.
나무가 잘 자란다.

4. real / really → This soup is _____ delicious.
이 수프는 정말 맛있다.

5. kind / kindly → Lily talks _____ to them.
Lily는 그들에게 친절히 말한다.

6. hard / hardly → Mark studies history so _____.
Mark는 역사를 매우 열심히 공부한다.

C 다음 그림을 보고, 빈칸에 알맞은 말을 골라 문장을 완성하세요. (중복 사용 금지)

> well   early   high   happily   pretty   sadly

1. The lemon juice is
   _____ sour.

2. A basketball player
   jumps _____.

3. Nancy swims
   _____.

4. The baby smiles
   _____.

5. The singer sings
   _____.

6. Eva goes to bed
   _____.

D 우리말 뜻과 같도록 괄호 안의 말을 그대로 쓰거나 바꿔서 문장을 완성하세요.

1. My family _____ enjoys watching TV. (hard)
   우리 가족은 TV 보기를 거의 즐기지 않는다.

2. Bob speaks Spanish _____. (good)
   Bob은 스페인어를 잘한다.

3. Cathy gets up so _____ in the morning. (late)
   Cathy는 아침에 매우 늦게 일어난다.

4. Bears can run so _____. (fast)
   곰은 정말 빨리 달릴 수 있다.

5. The man fixes the machine very _____. (quick)
   그 남자는 그 기계를 매우 빨리 고친다.

3. 빈도부사

빈도부사는 '얼마나 자주'인지를 나타냅니다. 단어의 의미와 느낌에 익숙해지도록 해보세요.

	부사		
always	■■■■■	늘, 항상	· Jake **always** gets up early. Jake는 항상 일찍 일어난다.
usually	■■■■□	보통, 대개	· Jake **usually** gets up early. Jake는 보통 일찍 일어난다.
often	■■■□□	자주, 흔히	· Jake **often** gets up early. Jake는 자주 일찍 일어난다.
sometimes	■■□□□	가끔, 때때로	· Jake **sometimes** gets up early. Jake는 가끔 일찍 일어난다.
hardly, rarely, seldom	■□□□□	거의 ~않다	· Jake **hardly**(= **rarely** / **seldom**) gets up early. Jake는 거의 일찍 일어나지 않는다.
never	□□□□□	결코[전혀] ~ 않다	· Jake **never** gets up early. Jake는 결코 일찍 일어나지 않는다.

hardly, rarely, seldom은 이미 부정의 뜻을 담고 있어서 **not**과 함께 쓰지 않아요.
· Jake **doesn't hardly** get up early. (×)

빈도부사는 be동사와 조동사보다 뒤에, 일반동사보다 앞에 **위치합니다.**
· I <u>am</u> **always** happy. 나는 항상 행복하다.
· Sue <u>can</u> **never** forget Ms. Hart. Sue는 Hart 씨를 결코 잊을 수 없다.
· Lily **often** <u>does</u> the dishes. Lily는 자주 설거지를 한다.

정답 및 해설 p. 11

Quiz

A 밑줄 친 부분의 뜻으로 더 알맞은 것에 동그라미 하세요.

1. We <u>sometimes walk</u> to school.
   → 우리는 학교에 (자주 걸어간다 / 가끔 걸어간다).

2. My dad <u>often forgets</u> my friend's name.
   → 나의 아빠는 내 친구의 이름을 (자주 잊으신다 / 항상 잊으신다).

3. The department store <u>always opens at 10:30 a.m.</u>

→ 그 백화점은 (항상 오전 10시 30분에 문을 연다 / 자주 오전 10시 30분에 문을 연다).

4. William <u>rarely wears glasses.</u>

→ William은 (보통 안경을 쓴다 / 안경을 거의 쓰지 않는다).

5. I <u>usually stay at home</u> on weekends.

→ 나는 주말에 (가끔 집에 있다 / 보통 집에 있다).

B 우리말 뜻과 같도록 괄호 안에서 알맞은 부사에 동그라미 하세요.

1. Thomas (sometimes / usually) drinks coffee.

Thomas는 가끔 커피를 마신다.

2. They are (often / seldom) wrong.

그들은 거의 틀리지 않는다.

3. We (often / rarely) meet Sally.

우리는 자주 Sally를 만난다.

4. I (hardly / usually) use the desk.

나는 보통 그 책상을 사용한다.

5. Jiho (always / usually) has breakfast.

지호는 항상 아침 식사를 한다.

6. Roy (sometimes / rarely) talks to Mr. Ford.

Roy는 Ford 씨와 거의 이야기하지 않는다.

7. Sue can (often / never) forget the story.

Sue는 결코 그 이야기를 잊을 수 없다.

8. It (sometimes / hardly) snows in March.

3월에는 눈이 거의 오지 않는다.

9. Jim is (usually / sometimes) late for school.

Jim은 가끔 학교에 늦는다.

10. I will (never / always) remember you.

나는 항상 너를 기억할 것이다.

Build Up

A 다음 중, 알맞은 말을 골라 빈칸에 쓰세요.

1. usually / seldom → My family _____ eats out on Saturday.
   나의 가족은 토요일에 보통 외식을 한다.

2. always / sometimes → Sarah _____ washes her hair at night.
   Sarah는 가끔 밤에 머리를 감는다.

3. never / usually → We _____ eat snacks before meals.
   우리는 식사 전에 결코 간식을 먹지 않는다.

4. sometimes / often → His movies are _____ boring.
   그의 영화는 자주 지루하다.

5. rarely / always → Sam _____ keeps a diary.
   Sam은 항상 일기를 쓴다.

B 다음 밑줄 친 부분을 바르게 고쳐 쓰세요.

1. The students <u>wear always</u> their school uniform. → _____
   학생들은 항상 교복을 입는다.

2. Simon <u>usually is quiet</u> at school. → _____
   Simon은 보통 학교에서 조용하다.

3. Jim <u>washes hardly</u> his car. → _____
   Jim은 자기 차를 거의 세차하지 않는다.

4. William <u>never can trust</u> Fred. → _____
   William은 Fred를 결코 신뢰할 수 없다.

5. Jamie <u>takes often a bus</u> to school. → _____
   Jamie는 자주 버스를 타고 학교에 간다.

6. My parents <u>shout never</u> at me. → _____
   나의 부모님은 나에게 결코 소리 지르지 않으신다.

C 주어진 말을 사용해 문장을 완성하세요.

- watch, sometimes → I ___sometimes___ ___watch___ sad movies.
  나는 가끔 슬픈 영화를 본다.

1. are, usually → My uncles _____ _____ busy on
   Monday. 나의 삼촌들은 보통 월요일에 바쁘시다.

2. drinks, rarely → The child _____ _____ milk.
   그 아이는 우유를 거의 마시지 않는다.

3. buys, seldom → Louis _____ _____ toys.
   Louis는 장난감을 거의 사지 않는다.

4. run, can, never → My grandmother _____ _____
   _____ fast. 나의 할머니는 결코 빨리 달릴 수 없다.

5. am, sometimes → I _____ _____ lazy.
   나는 가끔 게으르다.

6. are, always → Some workers _____ _____ at the
   office. 몇몇 직원들은 항상 사무실에 있다.

7. go, sometimes → My friends and I _____ _____ to a
   concert. 내 친구들과 나는 가끔 콘서트에 간다.

8. are, often → We _____ _____ sleepy in the
   morning. 우리는 아침에 자주 졸리다.

9. cook, rarely → Julie and Mike _____ _____ at home.
   Julie와 Mike는 집에서 거의 요리하지 않는다.

10. tells, never → Liz _____ _____ a lie.
    Liz는 결코 거짓말을 하지 않는다.

Review Test

1 다음 중, 부사가 <u>아닌</u> 것을 고르세요.

① really   ② pretty

③ good   ④ so

2 밑줄 친 부분의 쓰임이 <u>다른</u> 하나를 고르세요.

① He <u>carefully</u> carries the bottle.

② The doctor is <u>very</u> kind.

③ That soup is <u>too</u> salty.

④ Leo is a <u>smart</u> cat.

[3-4] 형용사와 부사가 <u>잘못</u> 짝지어진 것을 고르세요.

3 ① sad − sadly   ② high − high

③ busy − busly   ④ early − early

4 ① good − well   ② nice − nice

③ heavy − heavily   ④ fast − fast

5 다음 빈칸에 공통으로 들어갈 말을 고르세요.

> • Do you get up _____ on weekends?
> • Victoria is never _____ for school.

① slowly   ② late

③ hard   ④ fast

6 다음 빈칸에 들어갈 말로 알맞게 짝지어진 것을 고르세요.

> • Young birds can't fly _____.
> • I usually sleep _____ at night.

① high − well   ② highly − well

③ high − good   ④ highly − good

7 다음 빈칸에 들어갈 알맞은 말을 고르세요.

> Steve is really honest. He _____ tells a lie.

① always   ② usually

③ often   ④ never

8 다음 중, 빈칸에 알맞지 <u>않은</u> 말을 고르세요.

> The boy is lazy. He _____ goes to school early.

① usually   ② hardly

③ rarely   ④ seldom

9 다음 중 밑줄 친 부분의 역할이 <u>다른</u> 것을 고르세요.

① The tiger runs <u>fast</u>.

② The song is very <u>fast</u>.

③ Emma swims so <u>fast</u>.

④ My dad eats too <u>fast</u>.

10 주어진 문장과 의미가 같은 것을 고르세요.

> Eva keeps a diary every day.

① Eva often keeps a diary.

② Eva always keeps a diary.

③ Eva usually keeps a diary.

④ Eva never keeps a diary.

11 다음 문장을 다르게 나타낼 때 빈칸에 알맞은 말을 고르세요.

> Joyce is a good dancer.
> → Joyce dances _____.

① good   ② very

③ well   ④ so

[12-14] 우리말과 같은 뜻이 되도록 괄호 안에서 알맞은 말을 고르세요.

12 우리는 보통 봄에 소풍을 간다.

→ We (rarely / usually) go on a picnic in spring.

13 사과주스는 결코 짠맛이 나지 않는다.

→ Apple juice (never / often) tastes salty.

14 너는 드럼을 자주 연주하니?

→ Do you (often / seldom) play the drums?

[15-16] 괄호 안에 주어진 말을 사용해 문장을 완성하세요.

15 Annie _____ _____ sandwiches. (make, sometimes)

16 You _____ _____ _____ these books. (borrow, can, always)

중학교 시험에는 이렇게!

| 서울 ○○중 응용 |

[17-18] 다음 중 잘못된 문장을 고르세요.

17 ① Jenny often drinks Coke.

② Her songs are good pretty.

③ These pants look really nice.

④ Tony is rarely busy this week.

⑤ That dress looks too short.

18 ① It rarely rains in May.

② Every baby cries loudly.

③ Why do you leave so early?

④ They can enter never the room.

⑤ The people hardly know each other.

Word Review

다음은 **Chapter 6**에 사용된 주요 단어입니다.
소리 내어 읽으면서 써보세요.

단어	뜻	쓰기	단어	뜻	쓰기
1 carefully	조심스럽게		14 honestly	정직하게	
2 busily	바쁘게		15 lately	최근에	
3 luckily	운 좋게		16 grow	자라다	
4 heavily	무겁게		17 history	역사	
5 early	이른; 이르게, 일찍		18 write	쓰다	
6 pretty	예쁜; 꽤, 상당히		19 forget	잊다	
7 highly	매우		20 weekend	주말	
8 nicely	멋지게		21 boring	지루한	
9 letter	편지, 글자		22 trust	신뢰하다, 믿다	
10 really	정말		23 shout	소리지르다	
11 dirty	더러운		24 lie	거짓말	
12 quietly	조용히, 조용하게		25 Spanish	스페인어	
13 loudly	크게, 시끄럽게				

☆ **Word Review**에서 학습한 25개 단어는 워크북 54쪽에서 테스트해 볼 수 있습니다.

CHAPTER 7

현재진행형

1. 현재진행형

현재진행형은 지금, 현재 '~하는 중이다, ~하고 있다'라는 뜻입니다. 현재진행형인 동사는 주어가 지금 하는 일을 나타냅니다. 현재진행형은 「be동사(am/are/is) + 동사원형 + -ing」로 나타냅니다.

be동사	동사원형	-ing	예문
am			· I'm watching TV now. 나는 지금 TV를 보고 있다.
are	watch	+ -ing	· We are watching TV now. 우리는 지금 TV를 보고 있다.
is			· He is watching TV now. 그는 지금 TV를 보고 있다.

단순한 현재시제는 습관, 규칙적 또는 반복적으로 이루어지는 일을 나타내고, 현재진행형은 지금 이루어지고 있는 일을 나타냅니다.

· I usually walk to school. 나는 보통 학교에 걸어 다닌다. ◐ 습관, 반복
· I'm walking to school now. 나는 지금 학교에 걸어가고 있다. ◐ 현재의 동작

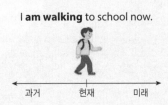

I am walking to school now.

과거   현재   미래

정답 및 해설 p. 12

Quiz

다음 문장에서 현재진행형에 밑줄 치세요.

1. I am doing my homework. 나는 숙제를 하고 있다.

2. Mary is playing the piano. Mary는 피아노를 치고 있다.

3. They are eating grapes. 그들은 포도를 먹고 있다.

4. Den is drawing a picture. Den은 그림을 그리고 있다.

5. Butterflies are flying in the garden. 나비들이 정원에서 날고 있다.

6. The machine is making a noise. 그 기계가 소음을 내고 있다.

2. -ing 만드는 법

동사원형이 어떻게 끝나는지에 따라 -ing를 붙이는 규칙이 다릅니다. 표를 보고, -ing를 붙이는 규칙을 익혀보세요.

동사	방법	예	
대부분의 동사	+ -ing	· go → go**ing**	· cook → cook**ing**
'자음 + -e'로 끝날 때	e를 없애고 + -ing	· come → com**ing** · smile → smil**ing**	· make → mak**ing**
'단모음 + 단자음'으로 끝날 때	마지막 자음을 하나 더 붙이고 + -ing	· cut → cut**ting** · run → run**ning**	· sit → sit**ting** · swim → swimm**ing**
-ie로 끝날 때	ie를 y로 고치고 + -ing	· die → dy**ing**	· lie → ly**ing**

w, x, y로 끝나는 동사는 마지막 자음을 하나 더 붙이지 않습니다.
◑ fixing (○), fixxing (×)
◑ 강세가 마지막 음절에 오지 않고 앞에 올 때도 -ing만 붙입니다. (visit → visiting)

좋아함(like), 소유(have), 필요(want, need) 등의 동사는 현재진행형이 될 수 없어요.
· I am having two pens. (×) ◑ have가 '가지다(소유)'라는 뜻이므로 현재진행형 불가능
· I **am having** lunch. (○) ◑ have가 '먹다'라는 뜻이므로 현재진행형 가능

정답 및 해설 p. 12

Quiz

동사원형을 -ing형으로 잘못 만든 것을 고르세요.

1. ① put → putting   ② cry → crying
   ③ dance → danceing   ④ run → running

2. ① buy → buying   ② die → ding
   ③ get → getting   ④ make → making

3. ① teach → teaching   ② set → seting
   ③ keep → keeping   ④ fly → flying

Build Up

A 다음 괄호 안에서 알맞은 말에 동그라미 하세요.

1. The baby (sleep / is sleeping) in the room.
   아기는 방에서 자고 있다.

2. Karen (is brushing / brushing) her teeth.
   Karen은 이를 닦고 있다.

3. Peter (likes / is liking) his dog so much.
   Peter는 자기 개를 매우 많이 좋아한다.

4. My mom (is making / are making) spaghetti.
   나의 엄마가 스파게티를 만들고 계신다.

5. Ryan (is takes / is taking) a shower.
   Ryan은 샤워를 하고 있다.

6. They (have / are having) a lot of money.
   그들은 돈을 많이 가지고 있다.

B 알맞은 현재진행형이 되도록 밑줄 친 부분을 바르게 고쳐 쓰세요.

1. The man is clean his room.
   그 남자는 자기 방을 청소하고 있다.
   →＿＿＿＿＿＿＿＿＿＿＿

2. It rain outside.
   밖에 비가 오고 있다.
   →＿＿＿＿＿＿＿＿＿＿＿

3. Justin and his brother is watching a movie.
   Justin과 그의 형이 영화를 보고 있다.
   →＿＿＿＿＿＿＿＿＿＿＿

4. Four ants carry a leaf.
   개미 네 마리가 잎사귀를 나르고 있다.
   →＿＿＿＿＿＿＿＿＿＿＿

5. Jacob is fix the tire.
   Jacob이 타이어를 고치고 있다.
   →＿＿＿＿＿＿＿＿＿＿＿

6. Some students study at the library.
   몇몇 학생들이 도서관에서 공부하고 있다.
   →＿＿＿＿＿＿＿＿＿＿＿

C 그림을 보고, **be**동사와 주어진 말을 사용해 현재진행형 문장을 완성하세요.

> lie　run　wear　make　cut

1. The girl _____ _____ some paper.

2. The dogs _____ _____ around the table.

3. Dad _____ _____ delicious soup.

4. The boy _____ _____ on the sofa.

D 주어진 말을 사용해 현재진행형 문장을 완성하세요.

1. **play** → The girl _____ _____ the cello.
그 소녀는 첼로를 연주하고 있다.

2. **swim** → A few people _____ _____ in the sea.
몇몇 사람들이 바다에서 수영하고 있다.

3. **jump** → A few frogs _____ _____ high.
개구리 몇 마리가 높이 점프하고 있다.

4. **drive** → The woman _____ _____ a truck.
그 여성이 트럭을 운전하고 있다.

3. 현재진행형 부정문

현재진행형 부정문은 '~하고 있지 않다, ~하는 중이 아니다'라는 뜻입니다. **be**동사 뒤에 **not**을 써서 「주어 + am/are/is + not + 동사원형 + -ing」가 됩니다.

▶ 줄여 쓸 수도 있습니다.
- I am = I'm   • I am not = I'm not   • You/We/They are = You're/We're/They're
- You/We/They are not = You/We/They aren't = You're/We're/They're not
- He/She/It is = He's/She's/It's
- He/She/It is not = He/She/It isn't = He's/She's/It's not

현재진행형 긍정문	현재진행형 부정문
• I **am carrying** a box. = I**'m carrying** a box. 나는 박스 하나를 나르고 있다.	• I **am not carrying** a box. = I**'m not carrying** a box. 나는 박스를 나르고 있지 않다.
• They **are fixing** the door. = They**'re fixing** the door. 그들은 문을 고치고 있다.	• They **are not fixing** the door. = They **aren't fixing** the door. = They**'re not fixing** the door. 그들은 문을 고치고 있지 않다.
• He **is cooking**. = He**'s cooking**. 그는 요리하고 있다.	• He **is not cooking**. = He **isn't cooking**. = He**'s not cooking**. 그는 요리하고 있지 않다.

정답 및 해설 p. 13

Quiz

1. 현재진행형 부정문으로 잘못 바꾼 것을 고르세요.

① The boys are asking questions.
그 소년들은 질문하고 있다.
→ The boys aren't asking questions.
그 소년들은 질문하고 있지 않다.

② She is wearing a black T-shirt.
그녀는 검은 티셔츠를 입고 있다.
→ She not is wearing a black T-shirt.
그녀는 검은 티셔츠를 입고 있지 않다.

③ Jake and I are cleaning the garden.
Jake와 나는 정원을 청소하고 있다.
→ Jake and I are not cleaning the garden.
Jake와 나는 정원을 청소하고 있지 않다.

④ It's raining outside.
밖에 비가 내리고 있다.
→ It's not raining outside.
밖에 비가 내리고 있지 않다.

4. 현재진행형 의문문

현재진행형 의문문은 '~하고 있니?, ~하는 중이니?'라는 뜻입니다. be동사를 주어 앞에 써서 「Am/Are/Is + 주어 + 동사원형 + -ing ~?」가 됩니다.

· She is singing. 그녀는 노래하고 있다.

    Is she singing? 그녀는 노래하고 있니?

대답은 긍정이면 「Yes, 주어(대명사) + am/are/is」, 부정이면 「No, 주어(대명사) + am/are/is + not」으로 대답합니다.

현재진행형 의문문	대답
· **Are you going** home now? 너는 지금 집에 가고 있니?	· [긍정] **Yes, I am.** 응, 그래. · [부정] **No, I'm not.** 아니, 그렇지 않아.
· **Are his sons working** there? 그의 아들들이 저기서 일하고 있니?	· [긍정] **Yes, they are.** 응, 그래. · [부정] **No, they're not. = No, they aren't.** 아니, 그렇지 않아.
· **Is the airplane flying** high? 비행기가 높이 날고 있나요?	· [긍정] **Yes, it is.** 응, 그래요. · [부정] **No, it's not. / No, it isn't.** 아니, 그렇지 않아요.

정답 및 해설 p. 13

1. 현재진행형 의문문으로 <u>잘못</u> 바꾼 것을 고르세요.

① The boat is arriving now.
배가 지금 도착하고 있다.

→ Is arriving the boat now?
배가 지금 도착하고 있니?

② They're having lunch together.
그들이 점심 식사를 같이 하고 있다.

→ Are they having lunch together?
그들이 점심 식사를 같이 하고 있니?

③ Judy's friend is working at the bakery.
Judy의 친구는 빵집에서 일하고 있다.

→ Is Judy's friend working at the bakery?
Judy의 친구는 빵집에서 일하고 있니?

④ It's snowing now.
지금 눈이 내리고 있다.

→ Is it snowing now?
지금 눈이 내리고 있니?

Build Up

A 알맞은 현재진행형 부정문이 되도록 밑줄 친 부분을 바르게 고쳐 쓰세요.

1. Mark **is not plays** the guitar. → _____
   Mark가 기타를 연주하고 있지 않다.

2. I **am using not** my cellphone now. → _____
   나는 지금 내 휴대전화를 사용하고 있지 않다.

3. Cindy **not buying** snacks at the shop. → _____
   Cindy는 가게에서 간식을 사고 있지 않다.

4. The dolphins **is not sleeping**. → _____
   돌고래들이 자고 있지 않다.

5. Minji **cutting not** the paper. → _____
   민지는 종이를 자르고 있지 않다.

6. **Not we are wear** our school uniform. → _____
   우리는 우리 교복을 입고 있지 않다.

B 알맞은 현재진행형 의문문이 되도록 밑줄 친 부분을 바르게 고쳐 쓰세요.

1. **Is Robert and his son talking** together? → _____
   Robert와 그의 아들이 함께 이야기하고 있나요?

2. **Is shopping her brother** at the department store? → _____
   그녀의 오빠는 백화점에서 쇼핑하고 있니?

3. **Are lying many people** on the beach? → _____
   많은 사람들이 해변에 누워 있니?

4. **Are I writing** the wrong numbers? → _____
   내가 틀린 숫자를 쓰고 있니?

5. **Is your parents enjoying** the nice weather? → _____
   너희 부모님께서 좋은 날씨를 즐기고 계시니?

6. **Is the girls practice** the song? → _____
   그 소녀들이 그 노래를 연습하고 있니?

C 우리말 뜻과 같도록 대화의 빈칸에 알맞은 말을 쓰세요.

1. **A:** Is Paul walking to his office?
   Paul이 자기 사무실에 걸어가고 있니?

   B: No, _____ _____.
   아니, 그렇지 않아.

2. **A:** Are the kids sitting on a stone?
   아이들이 돌 위에 앉아 있니?

   B: Yes, _____ _____.
   응, 그래.

3. **A:** Are you washing your dog in the bathroom?
   너는 욕실에서 너희 개를 씻기고 있니?

   B: _____, _____ _____.
   아니, 그렇지 않아.

D 우리말 뜻과 같도록 주어진 말을 사용해 현재진행형 문장을 완성하세요.

1. read → I _____ _____ _____ a map.
   나는 지도를 보고 있지 않다.

2. push → The child _____ _____ _____ the door.
   그 아이는 문을 밀고 있지 않다.

3. draw → _____ _____ _____ a triangle on the ground?
   그들이 운동장에 삼각형을 그리고 있니?

4. print → The machine _____ _____ _____ out the second photo.
   그 기계는 두 번째 사진을 출력하고 있지 않다.

DAY 22 Review Test

[1-2] 다음 중 동사원형을 -ing형으로 잘못 바꾼 것을 고르세요.

1
① cut → cutting
② help → helping
③ smile → smiling
④ swim → swiming

2
① fix → fixing
② tie → tieing
③ take → taking
④ run → running

3 다음 밑줄 친 부분을 바르게 고친 것을 고르세요.

> The baby <u>lies</u> on the floor now.

① lie
② lying
③ is lie
④ is lying

4 괄호 안에 주어진 말을 사용해 문장을 완성하세요.

> 너는 지금 눈사람을 만들고 있니? (make)

→ _____ _____ _____
   a snowman now?

5 다음 중, 밑줄 친 부분이 알맞은 것을 고르세요.

① Sally <u>singing</u> a song.
② The dog <u>is sleeping</u>.
③ They <u>playing are</u> soccer.
④ We <u>is building</u> a house.

[6-7] 다음 대화의 빈칸에 알맞은 말을 고르세요.

6
A: Is Jimmy taking a walk?
B: _____

① Yes, he does.
② No, he is.
③ Yes, he is.
④ No, he not.

7
A: _____ breakfast
now?
B: No, they are not.

① Is they having
② Are they have
③ Are having they
④ Are they having

[8-9] 다음 중, 밑줄 친 부분이 잘못된 것을 고르세요.

8
① We <u>are buying</u> cheese.
② Lily <u>is liking</u> ice cream.
③ Kate <u>is waiting</u> for Jack.
④ He <u>is walking</u> to school.

9
① His parents <u>isn't watching</u> TV.
② <u>Is Emily using</u> the computer?
③ <u>Are they talking</u> about Hana?
④ The men <u>are not selling</u> fish.

[10-11] 다음 괄호 안에서 알맞은 말을 고르세요.

10
A: Are you helping your mom?
B: Yes, (I am / you are).

11
A: Is Dorothy listening to her favorite song?
B: No, she (doesn't / isn't).

[12-13] 우리말 뜻과 같도록 괄호 안의 말을 사용해 문장을 완성하세요.

12
Nick은 지금 서점에 가고 있지 않다. (go)

→ Nick _____ _____ to the bookstore now.

13
그들은 그 기계를 고치고 있니? (fix)

→ _____ _____ _____ the machine?

| 충남 ○○중 응용 |

18 다음 중, 잘못된 문장을 고르세요.

① The guy is having three children.
② A few people are enjoying surfing.
③ Are Claire and her friend chatting?
④ Is everybody paying attention to him?
⑤ A man is lying on the bench.

[14-15] 다음 의문문에 대한 대답을 완성하세요.

14
A: Are these puppies waiting for their mom?
B: Yes, _____ _____.

15
A: Is Ms. Dewey working for New Line Company?
B: No, _____ _____.

[16-17] 다음 문장을 괄호 안의 지시대로 바꿔 쓰세요.

16
My son is taking a yoga class.

→ (부정문) _____

17
Those students are tasting salt.

→ (의문문) _____

| 서울 ○○중 응용 |

19 다음 중, 어색한 대화 두 개를 골라 기호를 쓰세요.

(a) W: Are you waiting for your turn?
M: Yes, I am.
(b) W: Is he preparing for the exam?
M: No, he is.
(c) W: Are you needing any help?
M: No, thank you.
(d) W: Is your phone ringing again?
M: Yes, It is. I'm sorry.

→ 기호: _____ , _____

Word Review

다음은 **Chapter 7**에 사용된 주요 단어입니다.
소리 내어 읽으면서 써보세요.

단어	뜻	쓰기	단어	뜻	쓰기
1 homework	숙제		14 cello	첼로	
2 draw	그리다		15 carry	나르다	
3 butterfly	나비		16 question	질문	
4 machine	기계		17 clean	청소하다	
5 noise	소음		18 cellphone	휴대전화	
6 smile	미소 짓다		19 uniform	교복	
7 cut	자르다		20 weather	날씨	
8 fix	고치다, 고정하다		21 practice	연습하다	
9 lie	눕다		22 office	사무실	
10 put	놓다, 두다		23 triangle	삼각형, 세모	
11 die	죽다		24 sell	팔다	
12 leaf	잎사귀, 잎		25 favorite	가장 좋아하는	
13 tire	타이어				

☆ **Word Review**에서 학습한 25개 단어는 워크북 63쪽에서 테스트해 볼 수 있습니다.

CHAPTER

8

전치사

1. 전치사(위치)

전치사는 위치, 방향, 시간 등을 나타냅니다. 전치사는 명사 앞에 옵니다.

위치를 나타내는 전치사		
on	~ 위에	**on** the desk, **on** the dish
above	(떨어져서) ~ 위에	**above** the clouds, **above** the building
under	(떨어져서) ~ 아래에	**under** the chair, **under** the table
below		**below** the desk, **below** the roof
beneath	~ (바로) 아래에	**beneath** the shelf, **beneath** the light
around	~ 주변에, ~ 주위에	**around** the table, **around** the sun
in	~ 안에	**in** the box, **in** the room
out of	~ 바깥에	**out of** the window, **out of** the fence
in front of	~ 앞에	**in front of** the house, **in front of** the TV
behind	~ 뒤에	**behind** the sofa, **behind** the curtain
next to	~ (바로) 옆에	**next to** me, **next to** the bank
between A and B	A와 B 사이에	**between** the stone **and** the tree

on / above / under below / beneath / in / out / in front of / behind / next to / between

정답 및 해설 p. 14

우리말 뜻과 같도록 알맞은 전치사에 동그라미 하세요.

1. Your gloves are (on / under) the desk. 너의 장갑은 책상 위에 있다.

2. A pencil is (beneath / next to) the book. 연필 한 자루가 책 아래에 있다.

3. The flower shop is (next to / in front of) the bank. 꽃집은 은행 옆에 있다.

4. Caroline is standing (above / under) the big tree. Caroline은 큰 나무 아래에 서 있다.

5. The vase is (behind / between) the TV and the bookshelf. 꽃병은 TV와 책장 사이에 있다.

2. 전치사(방향)

방향을 나타내는 전치사		
up	~을 올라가	**up** the stairs, **up** the street
down	~의 아래로	**down** the stairs, **down** the street
into	~ 안으로	**into** the hole, **into** the hall
out of	~ 밖으로	**out of** the pool, **out of** the bed
along	~을 따라서	**along** the road, **along** the river
across	~을 가로질러서	**across** the street, **across** the lake
through	~을 통과해서	**through** the tunnel, **through** a hole

Quiz

정답 및 해설 p. 14

우리말 뜻과 같도록 알맞은 전치사에 동그라미 하세요.

1. The children are jumping (into / out of) the pool. 아이들이 수영장 안으로 뛰어들고 있다.

2. The goats are going (up / across) the hill. 염소들이 언덕을 오르고 있다.

3. A mouse is running (through / down) the hole. 쥐 한 마리가 구멍을 통과해 달리고 있다.

4. Some people are running (into / out of) the building.
   몇몇 사람들이 건물 밖으로 달려 나오고 있다.

5. Fred's office is (across / around) the street.
   Fred의 사무실은 길 건너편에 있다.

Build Up

A 그림을 보고, 빈칸에 알맞은 전치사를 골라 쓰세요. (중복 사용 금지)

> and   on   across   between   in   above

1. Two blue birds are flying _____ the tree.

2. A few ducks are swimming _____ the pond.

3. The children are _____ the bedroom.

4. Alice is _____ Tommy _____ Betty.

5. Some dolls are _____ the shelf.

B 다음 우리말과 같도록 밑줄 친 부분을 바르게 고쳐 쓰세요.

1. The Redwood Park is <u>below</u> Amy's house. → _____
   Redwood 공원은 Amy의 집 뒤에 있다.

2. A few women are going <u>down</u> the store. → _____
   여자 몇 명이 가게 안으로 들어가고 있다.

3. A horse is walking <u>along</u> the street. → _____
   말 한 마리가 도로를 가로질러 걷고 있다.

4. Is that guy climbing <u>above</u> the ladder? → _____
   저 남자가 사다리를 오르고 있니?

5. My friends and I often meet <u>next to</u> the theater. → _____
   내 친구들과 나는 그 극장 앞에서 자주 만난다.

C 다음 우리말 뜻과 같도록 빈칸에 알맞은 전치사를 쓰세요.

> • Lots of students are _____in_____ the music room.
> 많은 학생들이 음악실에 있다.

1. Diana is standing _____ Sam _____ Julie.
   Diana는 Sam과 Julie 사이에 서 있다.

2. Look! The ship is going _____ the river.
   봐! 배가 강을 가로질러 가고 있어.

3. Joe is running _____ the house.
   Joe는 집 안으로 뛰어 들어가고 있다.

4. Lots of ants are coming _____ _____ the bottle.
   많은 개미들이 병 밖으로 나오고 있다.

D 주어진 말을 사용해 문장을 완성하세요. (반드시 전치사를 추가할 것)

> • the bed → Your cellphone is _____under_____ _____the_____ _____bed_____ . 너의 휴대전화가 침대 아래에 있어.

1. the rock → Is that tiger sleeping _____ _____ _____? 저 호랑이는 바위 위에서 자고 있니?

2. the art room → My classroom is _____ _____ _____ _____ _____ . 나의 교실은 미술실 옆에 있다.

3. your garden → Two dogs are running _____ _____ _____ . 개 두 마리가 너의 정원 주변에서 달리고 있어.

4. the street → A white truck is going _____ _____ _____ . 흰 트럭 한 대가 길을 내려오고 있다.

3. 전치사(시간)

전치사는 시간을 나타내기도 합니다.

전치사	뜻	쓰임	예
at	~에	특정 시각	**at five (o'clock)** 5시(정각)에 **at 7 p.m.** 오후 7시에
		특정 시간	**at noon** 정오에 **at night** 밤에 **at midnight** 자정에 **at dawn** 새벽에 ▶ 일반적인 뜻일 때 a나 the를 쓰지 않아요. • We sleep at a night. (×)
in	~에	월, 계절, 연도	**in May** 5월에 **in summer** 여름에 **in 2024** 2024년에
		특정 시간대	**in the morning** 아침에 **in the evening** 저녁에
on	~에	요일, 날짜	**on Saturday** 토요일에 **on July 20** 7월 20일에 ▶ '7월'이 들어갔지만, '20일'이라는 날짜를 뜻하므로 in이 아니라 on을 씁니다.
before	~ 전에		**before sunrise** 해 뜨기 전에 **before sunset** 해 지기 전에
after	~ 후에		**after breakfast** 아침 식사 후에 **after school** 방과 후에

정답 및 해설 p. 14

Quiz

우리말 뜻과 같도록 알맞은 전치사에 동그라미 하세요.

1. I get up (on / at) 7 o'clock in the morning. 나는 아침 7시 정각에 일어난다.

2. Andy washes his hands (at / before) meals. Andy는 식사 전에 손을 씻는다.

3. We often enjoy swimming (at / in) summer. 우리는 여름에 종종 수영을 즐긴다.

4. Babies usually take a nap (in / on) the afternoon. 아기들은 보통 오후에 낮잠을 잔다.

5. I don't watch TV (in / at) night. 나는 밤에 TV를 보지 않는다.

6. Let's have some tea (after / on) lunch. 점심 식사 후에 차를 좀 마시자.

7. Do you always go on a picnic (in / on) May? 5월에 항상 소풍을 가니?

4. 그 밖의 전치사

기타 여러 전치사가 있습니다.

전치사	뜻	예
about	~에 관한, ~에 대한	· The story is **about** an old man. 그 이야기는 한 나이 많은 남자에 관한 것이다. · They talk **about** the book. 그들은 그 책에 관해 이야기한다.
by	~로, ~을 타고	· I go to school **by** bus. 나는 버스로 학교에 간다.
for	~을 위한	· This is **for** you. 이것은 너를 위한 거야.
with	~와 함께	· I always spend weekends **with** my family. 나는 항상 가족과 함께 주말을 보낸다.
	~을 가지고, ~로	· I'm keeping a diary **with** a new pen. 나는 새 펜으로 일기를 쓰고 있다.

정답 및 해설 p. 14

우리말 뜻과 같도록 알맞은 전치사에 동그라미 하세요.

1. This song is (by / about) a cute puppy. 이 노래는 한 귀여운 강아지에 관한 것이다.

2. He makes some soup (with / for) me. 그는 나를 위해 수프를 좀 만든다.

3. Dora goes to work (by / with) subway. Dora는 지하철을 타고 일하러 간다.

4. Hit the ball (with / about) the bat. 그 배트로 공을 쳐라.

5. I go to the library (by / with) my sister. 나는 언니와 함께 도서관에 간다.

6. Do you know (for / about) the museum? 너는 그 박물관에 관해 아니?

7. You can go there (for / by) train. 너는 기차로 거기에 갈 수 있어.

Build Up

A 그림을 보고, 빈칸에 알맞은 전치사를 쓰세요.

1. Susan always gets up _____ six.

2. She practices soccer _____ the afternoon.

3. She takes a flute lesson _____ Sunday.

4. I watch a baseball game _____ my family.

B 다음 우리말 뜻과 같도록 밑줄 친 부분을 바르게 고쳐 쓰세요.

1. We wear boots <u>at</u> winter. 우리는 겨울에 부츠를 신는다.   → _____

2. My daughter is playing <u>for</u> toys. 내 딸은 장난감을 가지고 논다.   → _____

3. Is this book <u>with</u> insects? Sounds interesting.   → _____
   이 책은 곤충에 관한 책이니? 흥미로울 것 같아.

4. Natalie and her friend go to school <u>on</u> bus.   → _____
   Natalie와 그녀의 친구는 버스를 타고 학교에 간다.

5. My grandparents don't eat much <u>in</u> night.   → _____
   나의 조부모님은 밤에 많이 드시지 않는다.

6. I clean my room <u>in</u> Saturday. 나는 토요일에 내 방을 청소한다.   → _____

7. Please come back <u>for</u> sunset. 해 지기 전에 돌아오세요.   → _____

C 다음 우리말 뜻과 같도록 빈칸에 알맞은 말을 쓰세요.

1. Amy bakes some bread _____ her friends.
   Amy는 친구들을 위해 빵을 좀 굽는다.

2. I usually take a shower _____ dinner.
   나는 보통 저녁 식사 전에 샤워한다.

3. Does Jimin live _____ her aunt?
   지민이는 자기 이모와 함께 사니?

4. We are talking _____ her new song.
   우리는 그녀의 새 노래에 관해 이야기하고 있다.

D 주어진 말을 사용해 문장을 완성하세요. (반드시 전치사를 추가할 것)

| • noon | → He always turns on the radio ____at____ ____noon____. 그는 항상 정오에 라디오를 켠다. |

1. scissors → My little sister is cutting the paper _____ _____.
   나의 여동생은 가위로 종이를 자르고 있다.

2. Wednesday → I take a yoga class _____ _____.
   나는 수요일에 요가 강습을 듣는다.

3. summer → It rains a lot _____ _____.
   여름에는 비가 많이 내린다.

4. Ann → This teddy bear is _____ _____.
   이 곰 인형은 Ann을 위한 것이다.

5. taxi → I sometimes go home _____ _____.
   나는 가끔 택시로 집에 간다.

DAY 25

Review Test

[1-2] 다음 중 영어와 우리말 뜻이 <u>잘못</u> 짝지어진 것을 고르세요.

1 ① in the bag: 가방 안에
   ② above the building: 건물 위에
   ③ behind the bed: 침대 옆에
   ④ along the road: 길을 따라

2 ① by bus: 버스로
   ② for children: 어린이들과 함께
   ③ with a fork: 포크로
   ④ about music: 음악에 관해

[3-5] 다음 문장의 빈칸에 알맞은 말을 골라 쓰세요.

> at   on   before   under

3 **My gloves are _____ the table.** 내 장갑이 테이블 아래에 있다.

4 **Paul usually gets up _____ six thirty.**
   Paul은 주로 6시 30분에 일어난다.

5 **Do you wash your face _____ breakfast?** 너는 아침 식사 전에 세수하니?

[6-7] 다음 빈칸에 공통으로 들어갈 말을 쓰세요.

6 • My mom's cellphone is _____ the sofa.
   • I have a cello lesson _____ Tuesday.

7 • They're not _____ the box.
   • It's hot _____ Summer.

[8-9] 밑줄 친 부분이 <u>잘못된</u> 문장을 고르세요.

8 ① These shoes are <u>for</u> your son.
   ② Helen and I have lunch <u>in</u> noon.
   ③ I brush my teeth <u>after</u> meals.
   ④ I go to church <u>on</u> Sunday.

9 ① She is coming <u>out of</u> the building.
   ② Does Chris go to work <u>up</u> taxi?
   ③ Light can pass <u>through</u> glass.
   ④ We play soccer <u>after</u> school.

[10-11] 다음 중, 빈칸에 <u>알맞지</u> 않은 것을 고르세요.

10 **Judy sometimes listens to the radio at _____.**
   ① night   ② eight
   ③ 11 a.m.   ④ the morning

11 **They don't enjoy swimming in _____.**
   ① dawn   ② the evening
   ③ winter   ④ October

12 두 문장이 같은 상황을 나타내도록 빈칸에 알맞은 말을 쓰세요.

> The bank is behind the subway station.

→ The subway station is _____ _____ _____ the bank.

[13-14] 다음 우리말 뜻과 같도록 괄호 안에서 알맞은 말을 고르세요.

13 | 그는 칼로 빵을 자르고 있다.

→ He is cutting the bread (at / with) a knife.

14 | 이 영화는 한국의 역사에 관한 것이다.

→ This movie is (about / after) Korean history.

[15-16] 다음 우리말 뜻과 같도록 빈칸에 알맞은 말을 쓰세요.

15 | 그 아이는 자기 집 안으로 뛰어 들어가고 있다.

→ The kid is running _____ his house.

16 | 그 꽃가게는 빵집과 우체국 사이에 있다.

→ The flower shop is _____ the bakery _____ the post office.

중학교 시험에는 이렇게!

| 인천 ○○중 응용 |

17 다음 중, 잘못된 문장을 고르세요.

① It's so dark before sunrise.
② Is it warm in spring in Germany?
③ The TV show starts on December 3rd.
④ People often feel tired at the afternoon.
⑤ I sometimes visit my grandparents after school.

| 강원 ○○중 응용 |

18 다음 중, 문장의 뜻을 잘못 해석한 것을 고르세요.

(a) A girl is running across the road.
→ 소녀가 도로를 가로질러 달리고 있다.

(b) Some trees are in front of the building.
→ 나무 몇 그루가 그 건물 앞에 있다.

(c) He is swimming beneath the waves.
→ 그는 파도 뒤에서 수영하고 있다.

(d) Paul is looking out of the window.
→ Paul이 창밖을 보고 있다.

→ 기호: _____

Word Review

다음은 **Chapter 8**에 사용된 주요 단어입니다.
소리 내어 읽으면서 써보세요.

단어	뜻	쓰기	단어	뜻	쓰기
1 above	~ 위에		14 goat	염소	
2 below	~ 아래에		15 hill	언덕	
3 around	~ 주변에		16 pond	연못	
4 roof	지붕		17 duck	오리	
5 shelf	선반		18 climb	오르다, 올라가다	
6 sofa	소파		19 ladder	사다리	
7 curtain	커튼		20 theater	극장	
8 fence	울타리, 담		21 rock	바위	
9 hole	구멍		22 midnight	자정	
10 road	길, 도로		23 noon	정오	
11 lake	호수		24 dawn	새벽	
12 tunnel	터널		25 sunset	해질녘, 일몰	
13 along	~을 따라				

☆ **Word Review**에서 학습한 25개 단어는 워크북 72쪽에서 테스트해 볼 수 있습니다.

Finals

Finals

1 밑줄 친 부분이 잘못된 것을 고르세요.

① I don't watch <u>any</u> TV programs.

② They're carrying <u>some</u> boxes.

③ He doesn't have <u>some</u> money now.

④ Do you know <u>any</u> famous restaurants?

2 다음 괄호 안에서 알맞은 말을 고르세요.

> Jackson needs some (mushroom / mushrooms).

[3-4] 다음 중, 잘못된 문장을 고르세요.

3 ① This movie is for every women.

② Every student wears sneakers.

③ Every dog has a toy.

④ I go to Busan every summer.

4 ① Dorothy likes all vegetable.

② Eric plays with the boy all day.

③ All these shirts look expensive.

④ All my friends take the yoga class.

5 우리말 뜻과 같도록 괄호 안의 단어를 골라 빈칸에 쓰세요.

> Ann은 가방에 종이가 전혀 없다.
> (have / doesn't / some / paper / any)

→ Ann ＿＿＿＿＿＿＿＿＿ in her bag.

6 형용사를 부사로 잘못 바꾼 것을 고르세요.

① happy → happily

② heavy → heavly

③ nice → nicely

④ sad → sadly

7 형용사와 부사의 의미가 잘못 짝지어진 것을 고르세요.

① careful(조심스러운) - carefully(조심스럽게)

② lucky(운 좋은) - luckily(운 좋게)

③ safe(안전한) - safely(안전히)

④ hard(열심인) - hardly(열심히)

8 잘못된 단어의 번호에 표시하고 바르게 고쳐 쓰세요.

> Ben은 밤에 항상 늦게 잠자리에 든다.
> Ben ① <u>always</u> ② <u>goes</u> to bed ③ <u>lately</u> ④ <u>at night</u>.

→ ＿＿＿＿＿＿＿＿＿

9 친구들이 낮잠을 자주 자는 순서대로 이름을 쓰세요.

> • Sally rarely takes a nap.
> • Kevin usually takes a nap.
> • Esther never takes a nap.
> • Justin sometimes takes a nap.

→ ＿＿＿＿＿ → ＿＿＿＿＿
→ ＿＿＿＿＿ → ＿＿＿＿＿

10 밑줄 친 pretty의 쓰임이 나머지 셋과 다른 것을 고르세요.

① She has a pretty dress.

② That work looks pretty hard.

③ His new song is pretty good.

④ Those boxes are pretty heavy.

[11-12] 동사원형과 -ing형이 잘못 짝지어진 것을 고르세요.

11 ① go – going   ② run – runing

③ die – dying   ④ write – writing

12 ① make – making

② cut – cutting

③ lie – lying

④ have – haveing

[13-14] 밑줄 친 부분이 잘못된 문장을 고르세요.

13 ① It is raining.

② My sisters are liking chocolate.

③ Are you having some snacks?

④ Nick's friend is helping a man.

14 ① He's not playing soccer.

② The actress not is crying.

③ That machine isn't working.

④ They aren't talking together.

[15-16] 우리말에 맞게 밑줄 친 부분을 고쳐 쓰세요.

15

> 우리는 보트 9대가 있다.
>
> We are having nine boats.

→ _____

16

> 한 소년이 지금 벤치 위에 누워 있다.
>
> A boy is lie on the bench now.

→ _____

[17-18] 다음 중 잘못된 문장을 고르세요.

17 ① Are you doing your homework?

② Is my cellphone ringing now?

③ Do they cleaning their cars?

④ We are not trying hard.

18 ① I clean my room in Thursday.

② Brian doesn't drink water at night.

③ We have a party on Christmas.

④ It's between the bottle and the vase.

[19-20] 다음 대화의 빈칸에 알맞은 말을 쓰세요.

19

> A: Are your sisters having dinner?
>
> B: Yes, _____ _____.

20

A: Is it raining?

B: No, _____ _____.

[21-22] 괄호 안의 지시대로 문장을 바꿔 쓰세요.

21

Cindy makes some cookies.
(현재진행형으로)

→ _____

22

Linda and I practice tennis together. (현재진행형 부정문으로)

→ _____

[23-24] 다음 문장의 빈칸에 알맞은 전치사를 쓰세요.

23

Judy gets up _____ six forty in the morning.

24

Do you and your brother go to school _____ bus?

25 우리말을 영어로 바르게 옮긴 것을 고르세요.

그는 은행 앞에 서 있다.

① He's standing in front of the bank.
② He's standing behind the bank.
③ He's standing next to the bank.
④ He's standing around the bank.

26 문장의 뜻을 잘못 해석한 것을 고르세요.

① Cathy is in the kitchen.

→ Cathy는 주방에 있다.

② A ball is under the chair.

→ 공 하나가 의자 위에 있다.

③ She sits next to Miranda.

→ 그녀는 Miranda 옆에 앉는다.

④ A robot is behind the door.

→ 로봇 하나가 문 뒤에 있다.

[27-28] 우리말 뜻과 같도록 빈칸에 알맞은 말을 쓰세요.

27

새 몇 마리가 그 나무 주위에서 날고 있다.

→ A few birds are flying _____

_____ _____.

28

Tony는 저녁 식사 전에 샤워한다.

→ Tony takes a shower _____

_____.

[29-30] 잘못된 부분을 찾아 바르게 고쳐 문장을 다시 쓰세요.

29

The bakery is along the street.
그 빵집은 길 건너편에 있다.

→ _____

30

We go on a picnic in April twelfth.
우리는 4월 12일에 소풍을 간다.

→ _____

Overall Test

Overall Test 1회

1 빈칸에 들어갈 말로 알맞지 <u>않은</u> 것을 고르세요.

> _____ watch TV after meals.

① I   ② We
③ She   ④ You

2 다음 중, 잘못된 문장을 고르세요.

① The kite flys high.
② Brian fixes his computer.
③ Matt often does the dishes.
④ My mother kisses me every morning.

[3-4] 다음 빈칸에 들어갈 말로 알맞은 것을 고르세요.

3

> They _____ live near here.

① aren't   ② isn't
③ don't   ④ doesn't

4

> The kids are _____ rabbits at the park.

① feed   ② feeding
③ feeds   ④ don't feed

[5-6] 다음 문장을 괄호 안의 지시대로 바꿔 쓰세요.

5

> Sue's brother likes noodles.
> (부정문으로)

→ _____

6

> Your father washes his car on Sunday. (의문문으로)

→ _____

7 빈칸에 들어갈 말로 알맞지 <u>않은</u> 것을 고르세요.

> I need _____ flour now.

① a few   ② a lot of
③ much   ④ lots of

[8-9] 다음 우리말 뜻과 같도록 빈칸에 알맞은 영어를 쓰세요.

8

> 12월은 일 년 중 열두 번째 달이다.

→ December is the _____ month of the year.

9

> 오늘은 10월 2일이다.

→ Today is _____ _____.

10 두 문장의 의미가 같도록 빈칸에 알맞은 말을 쓰세요.

> A giraffe's neck is long.

→ A giraffe has _____ _____ _____.

[11-12] 다음 중, 잘못된 문장을 고르세요.

11 ① Jack paints the old wall.

② She buys that blue shirt.

③ Dean is a very nice guy.

④ Kelly loves green her hat.

12 ① Every student wears a uniform.

② Do you go there every months?

③ He reads books all day long.

④ All the bread is delicious.

13 빈칸에 some이 들어갈 수 없는 문장을 고르세요.

① I have _____ money.

② I don't have _____ time.

③ Would you like _____ tea?

④ Do you want _____ snacks?

[14-15] 우리말 뜻과 같도록 빈칸에 알맞은 말을 쓰세요.

14 | 해는 매일 아침에 뜬다.

→ The sun _____ _____

_____.

15 | Liz는 결코 거짓말을 하지 않는다.

→ Liz _____ tells a lie.

16 다음 중, 밑줄 친 부분이 잘못된 문장을 고르세요.

① Those flowers are really beautiful.

② Pamela arrives at home late.

③ Patrick and Jimmy try hard.

④ The girl sings happy.

17 다음 의문문에 대한 알맞은 대답을 완성하세요.

A: Is Henry's brother wearing a gray jacket?

B: N o , _____ _____

_____.

18 빈칸에 in이 들어가지 않는 문장을 고르세요.

① The baby cries _____ night.

② We have snow _____ winter.

③ It is so cold _____ January.

④ I read books _____ the evening.

19 다음 문장의 빈칸에 각각 알맞은 말을 고르세요.

• Some cows are running _____ the farm.

• The ducks are swimming _____ the river.

① across – in

② about – up

③ with – below

④ with – between

20 우리말 뜻과 같도록 빈칸에 알맞은 말을 쓰세요.

| 나는 지붕 위의 많은 별들을 볼 수 있다.

→ I can see lots of stars _____

_____ _____.

Overall Test 1회

각 문항이 어느 Chapter에서 출제되었는지 확인해 보세요.

문항	O / X	출제 연계 chapter
1		Ch. 1 일반동사(1)
2		Ch. 1 일반동사(1)
3		Ch. 2 일반동사(2)
4		Ch. 7 현재진행형
5		Ch. 2 일반동사(2)
6		Ch. 2 일반동사(2)
7		Ch. 3 형용사
8		Ch. 4 기수와 서수
9		Ch. 4 기수와 서수
10		Ch. 3 형용사

문항	O / X	출제 연계 chapter
11		Ch. 3 형용사
12		Ch. 5 some, any, every, all
13		Ch. 5 some, any, every, all
14		Ch. 5 some, any, every, all
15		Ch. 6 부사
16		Ch. 6 부사
17		Ch. 7 현재진행형
18		Ch. 8 전치사
19		Ch. 8 전치사
20		Ch. 8 전치사

DAY 28

Overall Test 2회

1 다음 질문에 대한 알맞은 대답을 고르세요.

> A: Does his sister learn Chinese?
> B: _____

① Yes, she does.　② No, he don't.

③ Yes, she is.　④ No, she not.

[2-3] 다음 중, 잘못된 문장을 고르세요.

2 ① Do they walk to school?

② Do her friends like movies?

③ Does the children eat potatoes?

④ Do Mike's brothers use the computer?

3 ① Jake's parents don't eat meat.

② My friend doesn't hate worms.

③ The teacher doesn't knows him.

④ Those women don't like seafood.

[4-5] 다음 문장을 괄호 안의 지시대로 바꿔 쓰세요.

4
> They stay at the hotel.
> (주어를 She로)

→ _____

5
> Sam works on Saturday.
> (부정문으로)

→ _____

6 두 단어의 관계가 나머지 셋과 다른 것을 고르세요.

① bright – dark　② clean – dirty

③ warm – hot　④ dry – wet

7 다음 괄호 안에서 알맞은 말을 고르세요.

> Emily and her sister have (a little / a few) toys.

8 다음 빈칸에 들어갈 알맞은 말을 고르세요.

> He needs a little _____.

① salt　② oranges

③ bottles　④ boxes

9 다음 중, 밑줄 친 부분이 잘못된 문장을 고르세요.

① He eats three tomatoes every day.

② The eighth question is so difficult.

③ Alice's birthday is July fifteen.

④ I take a walk with my two dogs.

10 다음을 바르게 읽은 것을 고르세요.

① 6,099: six hundred ninety nine

② 1953년: nineteen fifty-three

③ 2월 12일: February twelve

④ $87: eighteen-seven dollars

11 우리말 뜻에 맞게 빈칸에 알맞은 단어를 쓰세요.

> Eva는 거미를 전혀 좋아하지 않는다.

→ Eva doesn't like _____ spiders.

12 다음 문장을 괄호 안의 지시대로 바꿔 쓰세요.

> Tony and Mark buy some mushrooms. (현재진행형으로)

→ _____

13 우리말 뜻과 같도록 빈칸에 알맞은 말을 쓰세요.

> 나는 매주 나의 조부모님을 방문한다.

→ I visit my grandparents _____ _____.

14 우리말 뜻과 같도록 문장을 바르게 고쳐 쓰세요.

> 여름에는 비가 아주 많이 내린다.
> It rains heavy in summer.

→ _____

15 다음 우리말을 영어로 바꿔 쓸 때, 빈칸에 알맞지 <u>않은</u> 것을 고르세요.

> • 나의 고양이는 의자 아래에서 거의 잠을 자지 않는다.
> → My cat _____ sleeps under the chair.

① rarely   ② hardly

③ usually   ④ seldom

16 다음 질문에 대한 대답으로 알맞은 말을 쓰세요.

> A: Are the kids playing tennis?
> B: No, _____ _____.

17 다음 중, <u>잘못된</u> 문장을 고르세요.

① They are looking at a bird.

② Tom is taking a shower.

③ We are swimming in the pool.

④ Max is having many shoes.

18 빈칸에 for가 들어갈 수 <u>없는</u> 문장을 고르세요.

① My mom bakes some bread _____ me.

② Sally buys some toys _____ her son.

③ We go to the library _____ subway.

④ Amy makes a small house _____ her dog.

19 빈칸에 들어갈 말이 나머지와 <u>다른</u> 것을 고르세요.

① My family lives _____ Seoul.

② I drink coffee _____ the morning.

③ He enjoys camping _____ May.

④ We go on a picnic _____ June fourteenth.

20 우리말 뜻과 같도록 빈칸에 알맞은 말을 쓰세요.

> 그의 휴대전화는 책들과 안경 사이에 있다.

→ His cellphone is _____ the books _____ glasses.

Overall Test 2회

각 문항이 어느 Chapter에서 출제되었는지 확인해 보세요.

문항	O / X	출제 연계 chapter	문항	O / X	출제 연계 chapter
1		Ch. 2 일반동사(2)	11		Ch. 5 some, any, every, all
2		Ch. 2 일반동사(2)	12		Ch. 7 현재진행형
3		Ch. 2 일반동사(2)	13		Ch. 5 some, any, every, all
4		Ch. 1 일반동사(1)	14		Ch. 6 부사
5		Ch. 2 일반동사(2)	15		Ch. 6 부사
6		Ch. 3 형용사	16		Ch. 7 현재진행형
7		Ch. 3 형용사	17		Ch. 7 현재진행형
8		Ch. 3 형용사	18		Ch. 8 전치사
9		Ch. 4 기수와 서수	19		Ch. 8 전치사
10		Ch. 4 기수와 서수	20		Ch. 8 전치사

Overall Test 3회

1 다음 괄호 안에서 알맞은 말을 고르세요.

> Please write your name (about / with) this pencil.

2 우리말 뜻과 같도록 빈칸에 알맞은 말을 쓰세요.

> 해 지기 전에 그 해변은 매우 아름답다.

→ The beach is so beautiful _____
_____.

3 다음 중, 잘못된 문장을 고르세요.

① School is over at four o'clock.
② I like eating ice cream in winter.
③ People don't go out at midnight.
④ She goes to Mexico on 2025.

4 다음 중, 밑줄 친 부분이 잘못된 문장을 고르세요.

① His daughter is riding a bike.
② A rabbit is running up the hill.
③ She is needing a new notebook.
④ Brain and Jenny are working hard.

5 다음 대화의 빈칸에 알맞은 말을 고르세요.

> A: _____ your parents _____ for you?
> B: Yes, they are.

① Are, waiting   ② Do, waiting
③ Are, wait   ④ Does, waiting

6 다음 문장을 괄호 안의 지시대로 바꿔 쓰세요.

> He does the dishes.
> (현재진행형 부정문으로)

→ _____

7 다음 중, 형용사와 부사가 잘못 짝지어진 것을 고르세요.

① quiet – quietly   ② good – well
③ loud – loudly   ④ easy – easly

8 다음 중, 잘못된 문장을 고르세요.

① Clara runs so fast.
② My friend is always busily.
③ Put down the vase carefully.
④ Do you come home late today?

9 우리말 뜻과 같도록 빈칸에 알맞은 말을 쓰세요.

> 그는 영어를 매우 열심히 공부한다.

→ He studies English so _____.

10 다음 문장에 공통으로 들어갈 말을 고르세요.

> • _____ birds have wings.
> • We practice the guitar _____ year long.

① Every[every]   ② Some[some]
③ All[all]   ④ Any[any]

11 기수와 서수가 잘못 짝지어진 것을 고르세요.

① 3: three − third

② 40: forty − fortieth

③ 9: nine − ninth

④ 20: twenty − twelfth

[12-13] 다음 영어가 나타내는 숫자를 빈칸에 쓰세요.

12 September thirtieth, two thousand four

→ _____년 _____월 _____일

13 five hundred seventy-one dollars

→ $_____

14 다음 중, 밑줄 친 부분이 잘못된 문장을 고르세요.

① I have few money.

② We need much butter.

③ He reads a lot of books.

④ Lots of kids are swimming.

15 우리말 뜻과 같도록 괄호 안의 단어를 골라 쓰세요.

그의 멋진 요트들을 봐.

(the, a, nice, yachts, his, yacht)

→ Look at _____.

16 동사원형과 3인칭 단수 현재형이 잘못 짝지어진 것을 고르세요.

① cry − crys   ② say − says

③ fix − fixes   ④ have − has

17 다음 빈칸에 들어갈 수 없는 말을 고르세요.

_____ always sits on the sofa.

① My aunt   ② The cat

③ Our kids   ④ Peter

18 다음 중 밑줄 친 부분이 잘못된 문장을 고르세요.

① Helen doesn't needs a ladder.

② Those baskets don't have handles.

③ Mr. Cox doesn't know my name.

④ Joe and I don't watch sad movies.

19 다음 문장을 괄호 안의 지시대로 바꿔 쓰세요.

We have a lot of cookies in the box. (주어를 He로)

→ _____

20 다음 질문에 대한 대답으로 알맞은 것을 고르세요.

A: Do your sons enjoy shopping?

B: _____

① Yes, they are.   ② No, it isn't.

③ Yes, they do.   ④ No, they do.

Overall Test 3회

각 문항이 어느 Chapter에서 출제되었는지 확인해 보세요.

문항	O / X	출제 연계 chapter
1		Ch. 8 전치사
2		Ch. 8 전치사
3		Ch. 8 전치사
4		Ch. 7 현재진행형
5		Ch. 7 현재진행형
6		Ch. 7 현재진행형
7		Ch. 6 부사
8		Ch. 6 부사
9		Ch. 6 부사
10		Ch. 5 some, any, every, all

문항	O / X	출제 연계 chapter
11		Ch. 4 기수와 서수
12		Ch. 4 기수와 서수
13		Ch. 4 기수와 서수
14		Ch. 3 형용사
15		Ch. 3 형용사
16		Ch. 1 일반동사(1)
17		Ch. 1 일반동사(1)
18		Ch. 2 일반동사(2)
19		Ch. 1 일반동사(1)
20		Ch. 2 일반동사(2)

MEMO

메가스터디BOOKS

초등영문법 문장의 원리

Level 2

Workbook

차례 😊

1. 일반동사 / 2. 일반동사의 현재시제

정답 및 해설 p. 20

Step 1   괄호 안에서 알맞은 동사에 동그라미 하세요.

1   We (know / knows) her name. 우리는 그녀의 이름을 안다.

2   It (run / runs) to the river. 그것은 강으로 달려간다.

3   My father (come / comes) home at 8:00.
나의 아빠는 8시에 집에 들어오신다.

4   She (write / writes) a letter to her friend.
그녀는 자기 친구에게 편지를 쓴다.

5   The students (wear / wears) the same jackets.
그 학생들은 똑같은 재킷을 입는다.

6   Stars (shine / shines) at night. 별은 밤에 빛난다.

7   The kids (clean / cleans) their rooms every day.
그 아이들은 자기 방을 매일 청소한다.

8   My dog Leo (get up / gets up) early in the morning.
나의 개 Leo는 아침에 일찍 일어난다.

9   The man (buy / buys) vegetables at the market.
그 남자는 시장에서 채소를 산다.

10   They (speak / speaks) English very well.
그들은 영어를 매우 잘 말한다.

주어로 사용할 수 있는 것을 <u>모두</u> 고르세요.

1 I / She / It drink water.

2 They / You / He wear gloves.

3 My cat / We / It sees a bird.

4 Sarah / They / She feel happy.

5 We / He / Ms. Kim meets Mina in the park.

Step 3 알맞은 동사에 동그라미하고, 문장을 우리말로 해석하세요.

1 He (play / plays) the guitar.
→ _____

2 We (stay / stays) at home at night.
→ _____

3 My brother (read / reads) the story.
→ _____

4 The girls (see / sees) the bench in the park.
→ _____

Step 4 'I'와 친구들이 하는 일을 나타낸 표를 보고, 빈칸에 알맞은 말을 쓰세요.

	I	Lucy	Paul
Monday	learn Japanese		buy a new bag
Tuesday		clean her room	
Wednesday	walk at the park	swim in the pool	
Thursday			draw a picture
Friday		make cheese cake	
Saturday			cut the grass
Sunday	visit the museum		

1 I _____ Japanese on Monday.

2 Paul _____ a new bag on Monday.

3 Lucy _____ her room on Tuesday.

4 I _____ at the park on Wednesday.

5 Lucy _____ in the pool on Wednesday.

6 Paul _____ a picture on Thursday.

7 Lucy _____ cheese cake on Friday.

8 Paul _____ the grass on Saturday.

9 I _____ the museum on Sunday.

DAY 01 듣고 받아쓰기 ✿ **Day 01**에서 공부한 내용 중, 10개의 문장을 듣고 써보세요.

🎧 듣기 Mp3

1. My father _____ _____ at 8:00.

2. The kids _____ their rooms every day.

3. The man _____ vegetables at the market.

4. They _____ _____ very well.

5. I _____ water.

6. My cat _____ a _____ .

7. My brother _____ the story.

8. Paul _____ a _____ on Thursday.

9. Lucy _____ cheese cake on Friday.

10. I _____ the museum on Sunday.

정답 및 해설 p. 20

Step 1 괄호 안에서 알맞은 동사에 동그라미 하세요.

1 Brian (catch / catches / catcheis) the ball.

Brian이 그 공을 잡는다.

2 My sister always (try / trys / tries) hard.

나의 언니는 항상 열심히 노력한다.

3 Linda and her husband (open / opens / openes) the door.

Linda와 그녀의 남편은 그 문을 연다.

4 Her parents (stand / stands / standes) near the lake.

그녀의 부모님은 호수 근처에 서 있다.

5 My cousin (push / pushs / pushes) the green button.

나의 사촌이 그 녹색 버튼을 누른다.

Step 2 주어진 말을 사용해 문장을 완성하세요.

1 kiss → My cat always ＿＿＿＿＿＿ me in the morning.

2 have → Amy ＿＿＿＿＿＿ an old violin.

3 teach → His grandma ＿＿＿＿＿＿ English at school.

4 play → The boys ＿＿＿＿＿＿ soccer on the grass.

5 finish → He usually ＿＿＿＿＿＿ his work on time.

6 cook → Your daughter ＿＿＿＿＿＿ well.

1 An airplane **flies** in the sky.

비행기 한 대가 하늘을 난다.

○ / ✕ → _____

2 That pig **have** a short tail.

저 돼지는 꼬리가 짧다.

○ / ✕ → _____

3 Mr. Smith **talk** very fast.

Smith 씨는 매우 빠르게 말한다.

○ / ✕ → _____

4 The baby **crys** so loudly.

아기가 매우 크게 운다.

○ / ✕ → _____

5 Eva and Judy **want** a new table.

Eva와 Judy는 새 테이블을 원한다.

○ / ✕ → _____

6 The man **goes** to church on Sunday.

그 남자는 일요일에 교회에 간다.

○ / ✕ → _____

7 Rachel **enjoyes** dance music.

Rachel은 댄스 음악을 즐긴다.

○ / ✕ → _____

8 The taxi driver **look** sad today.

택시 기사가 오늘 슬퍼 보인다.

○ / ✕ → _____

Step **4** Sally와 Jake의 일과표를 보고, 빈칸에 알맞은 말을 쓰세요.

하는 일	Sally	Jake
get up	7:00 a.m.	6:30 a.m.
have breakfast	7:15 a.m.	7:00 a.m.
go to school	by bus	by subway
come home	2:30 p.m.	2:00 p.m.
before dinner	play tennis	listen to music
have dinner	6:10 p.m.	6:30 p.m.
go to sleep	9:40 p.m.	9:05 p.m.

Sally

1 I _____ up at 7:00 a.m.

2 Jake _____ breakfast at 7:00 a.m.

3 I _____ to school by bus.

4 Jake _____ to music before dinner.

5 Jake _____ to sleep at 9:05 p.m.

Jake

6 I _____ breakfast at 7:00 a.m.

7 I _____ to school by subway.

8 Sally _____ home at 2:30 p.m.

9 Sally _____ tennis before dinner.

10 Sally _____ dinner at 6:10 p.m.

DAY 02 듣고 받아쓰기 ☉ **Day 02**에서 공부한 내용 중,
10개의 문장을 듣고 써보세요.

🎧 듣기 Mp3

1. Brian _____ the ball.

2. Her parents _____ near the lake.

3. Amy _____ an old violin.

4. Your daughter _____ _____ .

5. An airplane _____ in the sky.

6. Mr. Smith _____ very fast.

7. Rachel _____ dance music.

8. I _____ _____ _____ by bus.

9. Jake _____ _____ music before dinner.

10. Sally _____ tennis before dinner.

Type 1 다음 영단어에 대한 우리말 뜻을 쓰세요.

1	come	
2	finish	
3	enjoy	
4	chair	
5	library	
6	baseball	
7	use	
8	need	
9	east	
10	bake	
11	aunt	
12	breakfast	
13	set	
14	sandwich	
15	learn	
16	funny	
17	bottle	
18	chocolate	
19	museum	
20	busy	
21	near	
22	broken	
23	weekend	
24	shirt	
25	remember	

Type 2 다음 우리말에 해당하는 영단어를 쓰세요.

1	오다	
2	끝내다	
3	즐기다	
4	의자	
5	도서관	
6	야구, 야구공	
7	사용하다	
8	필요하다	
9	동쪽	
10	(빵 등을) 굽다	
11	이모, 고모, 숙모 등	
12	아침 식사	
13	(해가) 저물다, 지다	
14	샌드위치	
15	배우다	
16	재미 있는	
17	병	
18	초콜릿	
19	박물관	
20	바쁜	
21	~ 근처에	
22	고장 난, 부서진	
23	주말	
24	셔츠	
25	기억하다	

1. 일반동사 부정문(1) / 2. 일반동사 부정문(2)

Step 1   밑줄 친 부분의 우리말 뜻을 빈칸에 쓰세요.

1 Sarah doesn't live in New York.

➡ Sarah는 뉴욕에 _____ .

2 I don't need a knife.

➡ 나는 칼이 _____ .

3 The babies don't cry loudly.

➡ 그 아기들은 크게 _____ .

4 His cousin doesn't swim after lunch.

➡ 그의 사촌은 점심식사 후에 _____ .

5 The sun doesn't rise in the west.

➡ 태양은 서쪽에서 _____ .

6 These boys don't fix their computer.

➡ 이 소년들은 자기 컴퓨터를 _____ .

7 Harper doesn't do the dishes at home.

➡ Harper는 집에서 _____ .

8 We don't visit the museum on the weekend.

➡ 우리는 주말에 박물관을 _____ .

9 George doesn't walk to the subway station.

➡ George는 지하철역으로 _____ .

10 Mr. Cruise doesn't stay here.

➡ Cruise 씨는 여기에 _____ .

Step 2 다음 문장을 줄임말을 사용해 부정문으로 바꿔 쓰세요.

1 Caroline eats hamburgers. Caroline은 햄버거를 먹는다.

→ _____

2 The kids get up early in the morning. 그 아이들은 아침에 일찍 일어난다.

→ _____

3 She drinks coffee after dinner. 그녀는 저녁식사 후에 커피를 마신다.

→ _____

4 Nick cleans his computer room today. Nick은 오늘 자기 컴퓨터방을 청소한다.

→ _____

5 We listen to the radio before lunch. 우리는 점심식사 전에 라디오를 듣는다.

→ _____

6 The bus runs fast at night. 그 버스는 밤에 빨리 달린다.

→ _____

7 The students go to the library after school. 그 학생들은 방과후에 도서관에 간다.

→ _____

8 Charlie has an English class tomorrow. Charlie는 내일 영어 수업이 있다.

→ _____

9 The shop closes before 8:00 p.m. 그 가게는 저녁 8시 전에 닫는다.

→ _____

10 My brother stays at this hotel. 내 남동생은 이 호텔에 머문다.

→ _____

I와 친구들이 좋아하고 좋아하지 않는 것을 나타낸 표를 보고, 빈칸에 알맞은 말을 쓰세요.

		I	Alice	Jason
fruits	○	bananas	grapes	strawberries
	✕	oranges	lemons	apples
vegetables	○	tomatoes	carrots	potatoes
	✕	onions	cucumbers	mushrooms
sports	○	baseball	soccer	basketball
	✕	golf	tennis	badminton

(○: 좋아함 / ✕: 좋아하지 않음)

1 I like bananas. I _____ like oranges.

2 Alice _____ soccer. She _____ like tennis.

3 Jason likes potatoes. He _____ _____ mushrooms.

4 I like baseball. I don't _____ golf.

5 Alice _____ grapes. She _____ _____ lemons.

6 Jason _____ basketball. He doesn't _____ badminton.

7 I like tomatoes. _____ don't _____ onions.

8 Alice likes carrots. She _____ _____ cucumbers.

9 Jason _____ strawberries. He _____ like apples.

☼ **Day 04**에서 공부한 내용 중,
10개의 문장을 듣고 써보세요.

 🎧 듣기 Mp3

1. I ⬚⬚⬚ ⬚⬚⬚ a knife.

2. The sun ⬚⬚⬚ rise in the west.

3. These boys ⬚⬚⬚ ⬚⬚⬚ their computer.

4. Mr. Cruise ⬚⬚⬚ ⬚⬚⬚ here.

5. The kids ⬚⬚⬚ ⬚⬚⬚ up early in the morning.

6. The bus ⬚⬚⬚ ⬚⬚⬚ fast at night.

7. The students ⬚⬚⬚ to the library after school.

8. The shop ⬚⬚⬚ ⬚⬚⬚ before 8:00 p.m.

9. Alice ⬚⬚⬚ ⬚⬚⬚. She doesn't like tennis.

10. Jason likes basketball. He ⬚⬚⬚ ⬚⬚⬚ badminton.

Step 1   다음 대화의 빈칸에 알맞은 말을 골라 쓰시오.

1 you do /
they do

A: Do your sisters study Chinese after school?
B: Yes, _____ _____ .

2 he doesn't /
she doesn't

A: Does Jimin's mother live in Seoul now?
B: No, _____ _____ .

3 we do /
we don't

A: Do we have some food in the bag?
B: Yes, _____ _____ .

4 it doesn't /
he doesn't

A: Does the man go to the restaurant?
B: No, _____ _____ .

5 it does /
it doesn't

A: Does the basketball game start at 6:30?
B: Yes, _____ _____ .

6 I do /
they do

A: Do you wear glasses sometimes?
B: Yes, _____ _____ .

7 it doesn't /
he doesn't

A: Does Mr. Brown know your phone number?
B: No, _____ _____ .

8 they don't /
she doesn't

A: Do their daughters need new gloves?
B: No, _____ _____ .

Step **2** 주어진 말을 사용해 의문문으로 바꿔 쓰세요.

1 Jennifer, have ➡ _____ _____ _____ a brother?

Jennifer에게 남자 형제가 있니?

2 the girls, carry ➡ _____ _____ _____

_____ boxes?

그 소녀들이 상자를 나르니?

3 you, need ➡ _____ _____ _____ scissors?

너는 가위가 필요하니?

4 Ben, cook ➡ _____ _____ _____ for his

family?

Ben은 자기 가족을 위해 요리하니?

5 they, go ➡ _____ _____ _____ on a

picnic soon?

그들이 곧 소풍을 가니?

6 his parents, work ➡ _____ _____ _____

_____ every day?

그의 부모님은 매일 일하시니?

7 that woman, buy ➡ _____ _____ _____

_____ flowers?

저 여자는 꽃을 사니?

8 she, swim ➡ _____ _____ _____ in the

swimming pool?

그녀는 수영장에서 수영하니?

9 you, wear ➡ _____ _____ _____ a skirt

often?

너는 치마를 자주 입니?

10 Andy's son, walk ➡ _____ _____ _____

_____ to school?

Andy의 아들이 학교에 걸어가나요?

친구들에 관한 표를 보고, 대화의 빈칸에 알맞은 말을 쓰세요.

	Karen	David	Lucas
사는 곳	Paris	Seoul	New York
형제자매	a sister	a sister	two brothers
등교 방법	by bus	on foot	by subway
연주하는 악기	cello	guitar	drums
좋아하는 색	blue	red	white
좋아하는 간식	ice cream	cheese cake	cookies

1 A: _____ Karen live in New York?

B: _____ , she _____ .

2 A: Does David _____ a sister?

B: _____ , he does.

3 A: _____ Lucas _____ in Paris?

B: _____ , he doesn't.

4 A: _____ Karen _____ to school by bus?

B: _____ , she does.

5 A: _____ Karen play the drums?

B: _____ , she _____ .

6 A: Does Lucas _____ white?

B: _____ , he _____ .

7 A: Does David _____ cookies?

B: _____ , he doesn't.

8 A: _____ David _____ the guitar?

B: _____ , he does.

1. _____ we _____ some food in the bag?

2. _____ the basketball game _____ at 6:30?

3. Do you _____ glasses sometimes?

4. Does Mr. Brown _____ your phone number?

5. Do their daughters _____ new gloves?

6. Do the girls _____ boxes?

7. _____ they _____ on a picnic soon?

8. _____ she _____ in the swimming pool?

9. Does Andy's son _____ _____ _____ ?

10. _____ Karen _____ the drums?

Chapter 02

단어 TEST

Type 1 다음 영단어에 대한 우리말 뜻을 쓰세요.

1	hair	
2	leg	
3	glasses	
4	scissors	
5	work	
6	nephew	
7	address	
8	vegetable	
9	meat	
10	uniform	
11	station	
12	frog	
13	tail	
14	kitchen	
15	hospital	
16	sugar	
17	cook	
18	penguin	
19	broccoli	
20	help	
21	enjoy	
22	ocean	
23	truck	
24	park	
25	cry	

Type 2 다음 우리말에 해당하는 영단어를 쓰세요.

1	머리카락	
2	다리	
3	안경	
4	가위	
5	일하다; 일	
6	조카	
7	주소	
8	채소	
9	고기, 육류	
10	교복	
11	역	
12	개구리	
13	꼬리	
14	주방, 부엌	
15	병원	
16	설탕, 당	
17	요리하다; 요리사	
18	펭귄	
19	브로콜리	
20	돕다	
21	즐기다	
22	바다	
23	트럭	
24	공원	
25	울다	

1. 형용사란 / 2. 수량을 나타내는 형용사

정답 및 해설 p. 22

Step 1   우리말 뜻과 같도록 빈칸에 알맞은 형용사를 쓰세요. (주어진 첫 글자로 시작할 것)

1 Hamsters have s_____ legs.

햄스터는 다리가 짧다.

2 This is an e_____ book for little kids.

이것은 어린아이들을 위한 쉬운 책이다.

3 My sisters live in a b_____ city.

내 자매들은 아름다운 도시에 산다.

4 Frank is an h_____ man.

Frank는 정직한 남자이다.

5 I drink w_____ milk for breakfast every day.

나는 매일 아침 식사로 따뜻한 우유를 마신다.

6 Please choose t_____ colors for your new room.

당신의 새 방을 위해 세 가지 색깔을 골라 주세요.

7 Big spiders catch s_____ bugs with their webs.

큰 거미들은 거미줄을 사용해 작은 벌레들을 잡는다.

8 My uncle has m_____ y_____ flowers in the garden.

나의 삼촌은 정원에 많은 노란 꽃을 기르신다.

9 This is the w_____ answer.

이것은 틀린 답이다.

10 My aunts make l_____ o_____ money.

나의 이모들은 많은 돈을 번다.

주어진 말을 그대로 사용하거나 바꿔서 문장을 완성하세요.

1 nice, three ➡ Look at the _____ _____ cars.
그 멋진 세 대의 자동차를 봐.

2 few, notebook ➡ Do you have _____ _____ _____?
공책을 좀 가지고 있니?

3 little, work ➡ The young man does _____ _____.
그 젊은 남자는 일을 거의 하지 않는다.

4 brown, glasses ➡ My grandma wears _____ _____.
나의 할머니는 갈색 안경을 쓰신다.

5 lots of, bread ➡ We make _____ _____ _____ today.
오늘 우리는 빵을 많이 만든다.

6 six, woman ➡ The _____ _____ take a bus this afternoon.
그 여섯 명의 여자는 오늘 오후에 버스를 탄다.

7 much, ice cream ➡ Don't eat too _____ _____ _____.
아이스크림을 너무 많이 먹지 마.

8 many, city ➡ They visit _____ _____ in America.
그들은 미국에서 많은 도시를 방문한다.

9 many, flower ➡ Why do you need so _____ _____?
그렇게 많은 꽃이 왜 필요하니?

10 red, tomato ➡ She puts two _____ _____ on the table.
그녀는 두 개의 빨간 토마토를 테이블 위에 놓는다.

Step 3 Justin과 Sharon의 냉장고 속의 음식 수량을 나타내는 표입니다. 빈칸에 알맞은 말을 쓰세요. (few, little, lot을 사용할 것)

	milk	cheese	eggs	meat	potatoes	onions
Justin	●	●●●	○	●●●	●	●●●
Sharon	○	●	●●●	●	○	●

(○ = 거의 없는, ● = 약간의, ●●● = 많은)

In Justin's refrigerator

1 He has ＿＿＿＿＿＿＿＿＿ ＿＿＿＿＿＿＿＿＿ milk. 그는 우유가 약간 있다.

2 He has ＿＿＿＿＿＿＿ ＿＿＿＿＿＿＿ ＿＿＿＿＿＿＿ cheese.
그는 치즈가 많다.

3 He has ＿＿＿＿＿＿＿ eggs. 그는 달걀이 거의 없다.

4 He has ＿＿＿＿＿＿＿ ＿＿＿＿＿＿＿ meat. 그는 고기가 많다.

5 He has ＿＿＿＿＿＿＿ ＿＿＿＿＿＿＿ potatoes. 그는 감자가 약간 있다.

6 He has ＿＿＿＿＿＿＿ ＿＿＿＿＿＿＿ ＿＿＿＿＿＿＿ onions.
그는 양파가 많이 있다.

In Sharon's refrigerator

7 She has ＿＿＿＿＿＿＿ milk. 그녀는 우유가 거의 없다.

8 She has ＿＿＿＿＿＿＿ ＿＿＿＿＿＿＿ cheese. 그녀는 치즈가 약간 있다.

9 She has ＿＿＿＿＿＿＿ ＿＿＿＿＿＿＿ eggs. 그녀는 달걀이 많다.

10 She has ＿＿＿＿＿＿＿ ＿＿＿＿＿＿＿ meat. 그녀는 고기가 약간 있다.

11 She has ＿＿＿＿＿＿＿ potatoes. 그녀는 감자가 거의 없다.

12 She has ＿＿＿＿＿＿＿ ＿＿＿＿＿＿＿ onions. 그녀는 양파가 약간 있다.

🎧 듣기 Mp3

1. Hamsters have _____ legs.

2. This is an _____ _____ for little kids.

3. Frank is an _____ man.

4. Please choose _____ _____ for your new room.

5. My uncle has _____ _____ flowers in the garden.

6. The young man does _____ _____ .

7. We make _____ _____ bread today.

8. She puts two _____ _____ on the table.

9. He has _____ _____ milk.

10. She has _____ _____ onions.

Step 1   밑줄 친 부분이 옳으면 ○에, 틀리면 ×에 표시하고 알맞게 고쳐 쓰세요.

1 This is <u>car his second</u>.

이것은 그의 두 번째 자동차이다.

○ / × ➡ _____

2 Do you know <u>funny these movies</u>?

너는 이 재미있는 영화들을 아니?

○ / × ➡ _____

3 "Thank you," he says in <u>a soft voice</u>.

"감사합니다."라고 그는 부드러운 목소리로 말한다.

○ / × ➡ _____

4 Look at <u>these expensive</u> coat.

이 비싼 코트를 봐.

○ / × ➡ _____

5 Dean is <u>a kind nurse</u>.

Dean은 친절한 간호사이다.

○ / × ➡ _____

6 Joe knows <u>answer right the</u>.

Joe는 옳은 답을 안다.

○ / × ➡ _____

7 Don't carry <u>that large</u> boxes alone.

저 큰 상자들을 혼자 옮기지 마.

○ / × ➡ _____

8 <u>New your shoes</u> look nice.

너의 새 신발은 좋아 보여.

○ / × ➡ _____

우리말 뜻을 보고, 문장을 새로 바꿔 쓰세요.

| 보기 | That is an easy <u>question</u>. | → | <u>That question is easy.</u> |

그것은 쉬운 질문이다. 　　　　　　　　　　　　　그 질문은 쉽다.

1 Max is a smart dog.

Max는 똑똑한 개다.

➡ _____

Max는 똑똑하다.

2 Her dress is pretty.

그녀의 드레스는 예쁘다.

➡ _____

그녀는 예쁜 드레스를 가지고 있다.

3 That is a tall tree.

저것은 키가 큰 나무이다.

➡ _____

저 나무는 키가 크다.

4 They have clean classrooms.

그들은 깨끗한 교실을 가지고 있다.

➡ _____

그들의 교실은 깨끗하다.

5 Your daughters are cute.

당신의 딸들은 정말 귀여워요.

➡ _____

당신의 딸들은 귀여운 소녀들이에요.

6 This is a warm sweater.

이것은 따뜻한 스웨터이다.

➡ _____

이 스웨터는 따뜻하다.

7 Nancy has long hair.

Nancy는 긴 머리를 가지고 있다.

➡ _____

Nancy의 머리는 길다.

8 Seoul is beautiful.

서울은 아름답다.

➡ _____

서울은 아름다운 도시이다.

9 This is salty soup.

이것은 맛이 짠 국이다.

➡ _____

이 국은 짠맛이 난다.

10 These are fresh potatoes.

이것은 신선한 감자들이다.

➡ _____

이 감자들은 신선하다.

Step 3 Lily와 친구들의 특징을 나타낸 표를 보고, 빈칸에 알맞은 말을 쓰세요.

	성격	옷차림	지금 상태	좋아하는 것	살고 싶은 곳
Lily	매우 재미있다	검은 치마	졸리다	달콤한 빵	작은 집
Eric	정직하다	파란 셔츠	배고프다	귀여운 아기들	새로운 나라
Ann	매우 친절하다	긴 바지	행복하다	슬픈 영화들	깨끗한 방

성격

⊙ Lily is so _____funny_____ .

1 Eric is _____ .

2 Ann is so _____ .

옷차림

⊙ Lily wears a _____black_____ _____skirt_____ .

3 Eric wears a _____ _____ .

4 Ann wears _____ _____ .

지금 상태

⊙ Lily is _____sleepy_____ now.

5 Eric is _____ now.

6 Ann is _____ now.

좋아하는 것

⊙ Lily likes _____sweet_____ _____bread_____ .

7 Erick likes _____ _____ .

8 Ann likes _____ _____ .

살고 싶은 곳

⊙ Lily wants to live in a _____small_____ _____house_____ .

9 Eric wants to live in a _____ country.

10 Ann wants to live in a _____ _____ .

🎧 듣기 Mp3

1. This is his ＿＿＿＿＿ car.

2. Look at this ＿＿＿＿＿ coat.

3. Joe knows the ＿＿＿＿＿ answer.

4. Your ＿＿＿＿＿ ＿＿＿＿＿ look nice.

5. Max is a ＿＿＿＿＿ dog.

6. Her dress is ＿＿＿＿＿.

7. Nancy has ＿＿＿＿＿ ＿＿＿＿＿.

8. This is ＿＿＿＿＿ soup.

9. Lily is ＿＿＿＿＿ ＿＿＿＿＿.

10. Ann likes ＿＿＿＿＿ ＿＿＿＿＿.

Chapter 03

단어 TEST

○ 반드시 반을 접어서 사용하세요.

Type 1 다음 영단어에 대한 우리말 뜻을 쓰세요.

1	short	
2	angry	
3	clean	
4	first	
5	weak	
6	bright	
7	healthy	
8	space	
9	towel	
10	doughnut	
11	September	
12	yacht	
13	movie	
14	dolphin	
15	delicious	
16	low	
17	sunny	
18	sour	
19	high	
20	lake	
21	dirty	
22	tea	
23	add	
24	easy	
25	quiet	

Type 2 다음 우리말에 해당하는 영단어를 쓰세요.

1	짧은	
2	화난	
3	깨끗한	
4	처음의, 첫 번째의	
5	약한	
6	밝은	
7	건강한	
8	공간	
9	수건	
10	도넛	
11	9월	
12	요트	
13	영화	
14	돌고래	
15	맛있는	
16	낮은	
17	맑은, 화창한	
18	맛이 신, 맛이 상한	
19	높은	
20	호수	
21	더러운	
22	차	
23	추가하다, 더하다	
24	쉬운	
25	조용한	

Step 1 다음 우리말 뜻과 같도록 빈칸에 알맞은 말을 쓰세요.

1 I often listen to their _____ album.

나는 그들의 첫 번째 앨범을 자주 듣는다.

2 The cook buys _____ onions.

그 요리사는 양파 아홉 개를 산다.

3 We go to John's _____ birthday party.

우리는 John의 열세 번째 생일 파티에 간다.

4 Thomas is their _____ child.

Thomas는 그들의 세 번째 아이이다.

5 August is the _____ month of the year.

8월은 일년 중 여덟 번째 달이다.

6 Is Dave the _____ player?

Dave가 다섯 번째 선수이니?

7 Wendy's _____ movie is so sad.

Wendy의 일곱 번째 영화는 매우 슬프다.

8 Why do you need _____ tomatoes?

너는 왜 토마토 14개가 필요하니?

9 Does he live on the _____ floor?

그가 10층에 사니?

10 Please show me the _____ card.

61번째 카드를 보여주세요.

Step 2 주어진 숫자를 보고, 빈칸에 알맞은 말을 영어로 쓰세요.

1   15   →   My sister is _____ years old.

2   10   →   _____ children are in the park.

3   8   →   The cook needs _____ eggs.

4   23   →   Tomorrow is his _____ birthday.

5   4   →   The girls are in the _____ grade.

6   55   →   I buy a gift for my grandma's _____ birthday.

7   60   →   There are _____ buttons next to the door.

8   100   →   Ninety nine is not the same as _____ _____.

9   72   →   What does your grandmother do for her _____ birthday?

	Sora	Paul	Audrey	Nick	Joe	Junseo
나이	9	10	12	8	12	9
학년	3	4	6	2	6	3
생일	7월 13일	2월 9일	5월 26일	9월 3일	1월 30일	11월 20일
사는 층	12	4	8	15	8	4

1 Sora is _____ years old.

2 Joe is _____ years old.

3 Audrey is in the _____ grade.

4 Nick is in the _____ grade.

5 Paul's birthday is February _____.

6 Nick's birthday is September _____.

7 Joe's birthday is January _____.

8 Sora lives on the _____ floor.

9 Paul and Junseo live on the same floor. They live on the _____ floor.

10 Audrey and Joe live on the same floor. They live on the _____ floor.

1. I often listen to their _____ album.

2. We go to John's _____ birthday party.

3. Thomas is their _____ child.

4. Wendy's _____ movie is so sad.

5. Does he live on the _____ _____ ?

6. The cook needs _____ _____ .

7. The girls are in the _____ grade.

8. Ninety nine is not the same as _____ _____ .

9. Paul's birthday is February _____ .

10. Sora lives on the _____ floor.

Step 1   다음을 바르게 읽은 것을 고르세요.

1   3,480

three thousand, four hundred eighteen / three thousand, four hundred eighty

2   1990년 1월 21일

January twenty-first, nineteen-ninety / January twenty-one, nineteen-ninety

3 $763

seven hundred sixty-three dollars / seven hundred sixty-three dollar

4   8월 4일

August fourth / August four

5   980-7310

nine eight zero[oh], seven three one zero[oh] / ninety-eight zero[oh], seven three one zero[oh]

6   251

two hundred fifty one / two thousand fifty one

7   2011년 2월 3일

February third, twenty eleventh / February third, twenty eleven

8   12월 25일

December twenty-five / December twenty-fifth

Step 2 다음 문장에서 밑줄 친 영어가 나타내는 아라비아 숫자를 쓰세요.

1 One thousand, eighty-four people work in this building.

➡ _____

2 Emily's birthday is September twenty-fifth.

➡ _____ 월 _____ 일

3 My phone number is five nine zero, two seven eight four.

➡ _____ – _____

4 This watch is forty-seven dollars.

➡ $ _____

5 Tomorrow is November twelfth, two thousand ten.

➡ _____ 년 _____ 월 _____ 일

6 It is four thousand, two hundred sixteen.

➡ _____

7 They go to the museum on April third.

➡ _____ 월 _____ 일

8 We have three hundred sixty-eight dollars.

➡ $ _____

9 I walk seven hundred ninety meters in the morning.

➡ _____

10 Is your phone number seven one one four eight five two?

➡ _____ – _____

숫자	• 53	→	fifty-three
	• 748	→	seven hundred forty-eight
	• 1,490	→	1 _____

연도	• 1639년	→	sixteen thirty-nine
	• 1542년	→	2 _____
	• 2018년	→	3 _____

월/일	• 3월 15일	→	March fifteenth
	• 10월 1일	→	4 _____
	• 4월 21일	→	5 _____

년/월/일	• 1997년 5월 30일	→	6 _____ , _____
	• 2003년 8월 9일	→	7 _____ , _____
	• 2021년 6월 16일	→	June sixteenth , two thousand twenty one

| 전화번호 | • 873-9219 | → | eight seven three, nine two one nine |
| | • 692-0863 | → | 8 _____ , _____ |

돈	• $47	→	9 _____ dollars
	• $340	→	three hundred forty
	• $1,154	→	10 _____ dollars

듣고 받아쓰기

🎧 듣기 Mp3

1. three thousand, four hundred

2. January twenty-first,   -ninety

3. seven hundred sixty-three

4. August

5. two hundred

6. Emily's birthday is September   -fifth.

7. This watch is   -   dollars.

8. It is four thousand, two hundred   .

9. They go to the museum on April   .

10. We have   sixty-eight dollars.

Chapter 04

단어 TEST

Type 1 다음 영단어에 대한 우리말 뜻을 쓰세요.

1	January	
2	February	
3	March	
4	April	
5	May	
6	June	
7	July	
8	August	
9	September	
10	October	
11	November	
12	December	
13	first	
14	second	
15	third	
16	hundred	
17	thousand	
18	floor	
19	grade	
20	chance	
21	fork	
22	office	
23	borrow	
24	bowl	
25	puppy	

Type 2 다음 우리말에 해당하는 영단어를 쓰세요.

1	1월	
2	2월	
3	3월	
4	4월	
5	5월	
6	6월	
7	7월	
8	8월	
9	9월	
10	10월	
11	11월	
12	12월	
13	첫 번째	
14	두 번째	
15	세 번째	
16	백, 100	
17	천, 1,000	
18	층, 바닥	
19	학년, 등급	
20	기회	
21	포크	
22	사무실	
23	빌리다	
24	(오목한) 그릇	
25	강아지	

1. some과 any(1) / 2. some과 any(2)

정답 및 해설 p. 24

Step 1   우리말 뜻과 같도록 빈칸에 **some** 또는 **any**를 쓰세요.

1 Clare doesn't remember _____ questions from the test.

Clare는 시험에 나온 어떠한 문제도 기억하지 못한다.

2 We drink _____ green tea after lunch.

우리는 점심 식사 후 녹차를 좀 마신다.

3 _____ people don't like cucumbers.

몇몇 사람들은 오이를 좋아하지 않는다.

4 We remember _____ stories about Ms. Green.

우리는 Green 씨에 대한 어떠한 이야기든지 기억한다.

5 Gloria wants _____ warm gloves for this winter.

Gloria는 이번 겨울을 위해 따뜻한 장갑을 좀 원한다.

6 Nick doesn't eat _____ meat.

Nick은 고기를 전혀 먹지 않는다.

7 Can I get _____ olive oil for the salad?

샐러드에 넣을 올리브유를 좀 얻을 수 있을까요?

8 I know _____ nice Chinese restaurants.

나는 괜찮은 중국 음식점을 좀 안다.

1 soup → Would you like _____ _____ ?

수프 좀 드시겠어요?

2 help → We need _____ _____ .

우리는 도움이 좀 필요하다.

3 milk → The kid doesn't drink _____ _____ .

그 아이는 우유를 전혀 마시지 않는다.

4 child → _____ _____ swim in the pool.

몇몇 아이들이 수영장에서 수영한다.

5 brother → Does Joseph have _____ _____ ?

Joseph에게 형제가 있니?

6 butter → The woman doesn't want _____ _____ .

그 여자는 버터를 전혀 원하지 않는다.

7 T-shirt → Alice needs _____ _____ .

Alice는 티셔츠가 좀 필요하다.

8 sandwich → Can I have _____ _____ ?

샌드위치 좀 먹어도 되니?

Step **3** 친구들이 만들 음식과 그 재료를 나타낸 표를 보고, 빈칸에 **some** 또는 **any**를 쓰세요.

Karen: fried rice		Max: cheese cake		Eugene: salad	
rice	●	flour	○	tomatoes	○
onions	○	sugar	●	onions	○
potatoes	●	eggs	○	cucumbers	○
carrots	○	cheese	●	honey	●
oil	○	butter	●	pepper	●
salt	●	milk	○	salt	●

(● = 사는 것, ○ = 이미 있어서 안 사는 것)

1 Karen buys _____ rice.

2 Karen and Eugene don't buy _____ _____.

3 Max doesn't buy _____ flour.

4 Eugene doesn't buy _____ tomatoes.

5 Karen buys _____ potatoes.

6 Max buys _____ sugar and cheese.

7 Eugene doesn't buy _____ cucumbers.

8 Karen doesn't buy _____ carrots or oil.

9 Max buys _____ butter.

10 Karen and Eugene buy _____ _____.

듣고 받아쓰기

⚙ **Day 14**에서 공부한 내용 중,
10개의 문장을 듣고 써보세요.

🎧 듣기 Mp3

1. We drink _____ green tea after lunch.

2. _____ _____ don't like cucumbers.

3. Nick doesn't eat _____ _____.

4. Can I _____ _____ olive oil for the salad?

5. Would you like _____ _____?

6. We need _____ _____.

7. The woman doesn't want _____ _____.

8. Can I have some _____?

9. Karen and Eugene don't buy _____ _____.

10. Karen and Eugene buy _____ _____.

3. every / 4. all

정답 및 해설 p. 24

Step 1   다음 문장이 알맞도록 **all** 또는 **every**에 동그라미 하세요.

1 The baby cries (all / every) day long.

그 아기는 하루 종일 운다.

2 My sister learns yoga (all / every) Wednesday.

내 여동생은 수요일마다 요가를 배운다.

3 (All / Every) cats have beautiful eyes.

모든 고양이가 아름다운 눈을 가지고 있다.

4 Do you enjoy (all / every) sports?

너는 모든 스포츠를 즐기니?

5 Oliver eats bread (all / every) morning.

Oliver는 매일 아침 빵을 먹는다.

6 They like (all / every) flowers.

그들은 모든 꽃을 좋아한다.

7 Don't use (all / every) the money at the shop.

가게에서 돈을 모두 쓰지 마라.

8 (All / Every) dog has a tail.

모든 개는 꼬리가 있다.

9 Sarah listens to the radio (all / every) night.

Sarah는 매일 밤 라디오를 듣는다.

10 (All / Every) your pants look cool.

네 모든 바지가 멋져 보여.

1 aunt → All my _____ live in Brazil.
나의 이모는 모두 브라질에 사신다.

2 butterfly → All _____ have pretty wings.
모든 나비는 예쁜 날개를 가지고 있다.

3 month → My family watches a movie every _____.
나의 가족은 매달 영화를 본다.

4 company → All the _____ in this building have a refrigerator.
이 건물 안의 모든 회사는 냉장고를 가지고 있다.

5 mushroom → All _____ grow so fast.
모든 버섯은 매우 빨리 자란다.

6 summer → Do you go fishing every _____?
너는 여름마다 낚시하러 가니?

7 friend → We are all _____.
우리는 모두 친구이다.

8 player → Are all the women basketball _____?
그 여자들은 모두 농구 선수니?

9 kid → Every _____ sings well.
모든 아이가 노래를 잘한다.

10 potato → Do you use all these _____?
이 감자를 모두 사용하니?

Step 3 밑줄 친 부분을 바르게 고쳐 쓰세요.

1 Carol eats pizza <u>every months</u>.
Carol은 매달 피자를 먹는다.

➡ _____

2 Does your math teacher know <u>all the student</u>?
너희 수학 선생님은 모든 학생을 아시니?

➡ _____

3 <u>Every police officers are</u> kind in this city.
이 도시에서는 모든 경찰관이 친절하다.

➡ _____

4 All <u>pigs has</u> a short tail.
모든 돼지는 꼬리가 짧다.

➡ _____

5 His family visits Spain <u>every years</u>.
그의 가족은 매년 스페인을 방문한다.

➡ _____

6 Every <u>students wear</u> a school uniform.
모든 학생이 교복을 입는다.

➡ _____

7 Please pass me <u>all the glove</u> there.
저기 있는 모든 장갑을 제게 건네주세요.

➡ _____

8 Ben cleans his room <u>all days</u>.
Ben은 하루 종일 지기 방을 청소한다.

➡ _____

9 Are your dogs at home <u>all the days</u>?
너희 강아지들은 하루 종일 집에 있니?

➡ _____

10 All the <u>baby sleeps</u> well at night.
그 아기들 모두 밤에 잘 잔다.

➡ _____

1. The baby cries 　　　　　　　　　 long.

2. 　　　　　　　　　 have beautiful eyes.

3. Oliver eats bread 　　　　　　　.

4. Don't use 　　　　　　　　　　　　 at the shop.

5. 　　　　　　　　　　　 live in Brazil.

6. My family watches a movie 　　　　　　　.

7. Do you go fishing 　　　　　　　?

8. Every 　　　　　　　　　　　 kind in this city.

9. His family visits Spain 　　　　　　.

10. All the 　　　　　　　 well at night.

Chapter 05

단어 TEST

반드시 반을 접어서 사용하세요.

Type 1 다음 영단어에 대한 우리말 뜻을 쓰세요.

1	postcard	
2	actor	
3	giraffe	
4	peanut	
5	bathroom	
6	vase	
7	worker	
8	provide	
9	sand	
10	question	
11	learn	
12	novel	
13	Italy	
14	department store	
15	pocket	
16	green tea	
17	chess	
18	bakery	
19	badminton	
20	map	
21	dessert	
22	machine	
23	answer	
24	spider	
25	refrigerator	

Type 2 다음 우리말에 해당하는 영단어를 쓰세요.

1	엽서	
2	남자 배우	
3	기린	
4	땅콩	
5	욕실	
6	꽃병	
7	직원, 노동자	
8	제공하다	
9	모래	
10	질문	
11	배우다	
12	소설	
13	이탈리아	
14	백화점	
15	주머니	
16	녹차	
17	체스	
18	빵집	
19	배드민턴	
20	지도	
21	후식, 디저트	
22	기계	
23	대답하다; 대답	
24	거미	
25	냉장고	

1. 부사의 형태 / 2. 부사의 역할과 의미

Step 1 다음 우리말 뜻과 같도록 빈칸에 알맞은 부사를 쓰세요. (주어진 첫 글자로 시작할 것)

1 Paul's sneakers are t_____ big.

Paul의 운동화는 너무 크다.

2 Nick solves the problem e_____.

Nick은 그 문제를 쉽게 푼다.

3 The woman walks s_____ around the lake.

그 여자는 호수 주위를 천천히 걷는다.

4 How q_____ do you read the newspaper?

너는 얼마나 빨리 신문을 읽니?

5 The boys dance w_____.

그 소년들은 춤을 잘 춘다.

6 Listen c_____ to the teacher.

선생님 말씀에 주의 깊게 귀 기울여라.

7 L_____, I can get the ticket for the match.

운 좋게, 나는 그 경기의 티켓을 구할 수 있다.

8 Why do you call her so e_____?

그녀에게 왜 그렇게 이르게 전화하니?

9 Please answer h_____ to the question.

질문에 솔직하게 답해주세요.

10 Andrew comes home so l_____.

Andrew는 집에 매우 늦게 온다.

Step 2 밑줄 친 부분이 옳으면 ○에, 틀리면 ✕에 표시하고 알맞게 고쳐 쓰세요.

1 Susan works <u>busy</u> all day long.
   Susan은 하루 종일 바쁘게 일한다.

2 You look tired. Go to bed <u>early</u>.
   너 피곤해 보여. 일찍 잠자리에 들어.

3 It rains <u>heavy</u> in summer.
   여름에는 비가 아주 많이 내린다.

4 He closes the window <u>soft</u>.
   그는 부드럽게 창문을 닫는다.

5 That guy plays the drums <u>good</u>.
   저 남자는 드럼을 잘 친다.

6 This desk looks too <u>high</u> for my son.
   이 책상은 나의 아들에게 너무 높아 보인다.

7 The baseball team always tries <u>hardly</u>.
   그 야구팀은 항상 열심히 노력한다.

8 That question is <u>pretty</u> easy.
   그 질문은 매우 쉽다.

우리말 뜻과 같도록 주어진 단어를 활용해 빈칸을 채우세요.

1 real ➡ That sounds _____ good.
그거 정말 괜찮은 것 같아.

2 very, good ➡ The little girl swims _____ _____.
그 작은 소녀는 수영을 매우 잘한다.

3 late ➡ Does your brother come home _____?
너희 형은 집에 늦게 오니?

4 so, fast ➡ Cheetahs can run _____ _____.
치타는 매우 빨리 달릴 수 있다.

5 poor ➡ The kids do _____ at school.
그 아이들은 학교에서 엉망으로 행동한다.

6 pretty, old ➡ The black sofa looks _____ _____.
저 검은 소파는 꽤 낡아 보인다.

7 too, cold ➡ Isn't the water _____ _____?
물이 너무 차갑지 않니?

8 happy ➡ Every student smiles _____.
모든 학생이 행복하게 미소 짓는다.

9 heavy ➡ It snows _____ in January.
1월에는 눈이 아주 많이 내린다.

🎧 듣기 Mp3

☼ **Day 17**에서 공부한 내용 중,
10개의 문장을 듣고 써보세요.

1. Paul's sneakers are _____ _____ .

2. The woman walks _____ around the lake.

3. The boys dance _____ .

4. Listen _____ to the teacher.

5. Andrew comes home _____ _____ .

6. It rains _____ in summer.

7. This desk looks _____ _____ for my son.

8. The kids do _____ at school.

9. The black sofa looks _____ _____ .

10. Every student smiles _____ .

Step 1 빈칸에 알맞은 말을 고르세요.

1 usually / never → He is _____ late for school.

그는 결코 학교에 늦지 않는다.

2 rarely / often → My sister _____ wears a skirt.

나의 언니는 치마를 거의 입지 않는다.

3 sometimes / seldom → His daughter is _____ sick.

그의 딸은 가끔 아프다.

4 usually / always → Amy's room is _____ clean.

Amy의 방은 항상 깨끗하다.

5 hardly / usually → A lot of people _____ eat bread with milk.

많은 사람들이 보통 우유와 함께 빵을 먹는다.

6 never / rarely → Ben _____ gets up late.

Ben은 거의 늦게 일어나지 않는다.

7 always / often → Sharon _____ makes spaghetti at home.

Sharon은 자주 집에서 스파게티를 만든다.

8 sometimes / always → Frank _____ rides a bike.

Frank는 가끔 자전거를 탄다.

Step **2**   다음 문장의 우리말 뜻을 완성하세요.

1 My little brother seldom eats peas.

→ 나의 남동생은 완두콩을 _____ .

2 Lucy never goes to the zoo.

→ Lucy는 동물원에 _____ .

3 Mr. Gray often borrows money from me.

→ Gray 씨는 나에게 돈을 _____ .

4 Your friend always looks happy.

→ 너의 친구는 _____ .

5 Does his wife often go to the theater?

→ 그의 아내는 극장에 _____ ?

6 I can never forget the little boy.

→ 나는 그 작은 소년을 _____ .

7 Lots of children sometimes tell a lie.

→ 많은 아이들이 _____ .

8 Do your parents often eat spicy food?

→ 너희 부모님이 매운 음식을 _____ ?

9 The students always study hard.

→ 그 학생들은 _____ .

10 The bakery usually closes on Sundays.

→ 그 빵집은 일요일에 _____ .

Step **3** 친구들의 일상을 나타내는 표를 보고, 알맞은 말을 써서 문장을 완성하세요.

	Tommy	Diana	Phil
have breakfast	always	usually	sometimes
be late for school	never	rarely	usually
watch TV	often	never	rarely
take a walk	seldom	sometimes	often
go to bed early	usually	hardly	always

1 Tommy _____ _____ breakfast.

2 Tommy _____ _____ late for school.

3 Tommy _____ _____ a walk.

4 Tommy _____ _____ to bed early.

5 Diana _____ _____ late for school.

6 Diana _____ _____ TV.

7 Diana _____ _____ a walk.

8 Diana _____ _____ to bed early.

9 Phil _____ _____ breakfast.

10 Phil _____ _____ TV.

11 Phil _____ _____ a walk.

12 Phil _____ _____ to bed early.

1. He is _____ late for school.

2. Amy's room is _____ clean.

3. Ben _____ gets up late.

4. Frank _____ rides a bike.

5. My little brother _____ eats peas.

6. Mr. Gray _____ borrows money from me.

7. Lots of children _____ _____ a lie.

8. Tommy _____ _____ to bed early.

9. Diana _____ _____ TV.

10. Phil _____ takes a _____ .

Chapter 06 단어 TEST

Type 1 다음 영단어에 대한 우리말 뜻을 쓰세요.

1	carefully	
2	busily	
3	luckily	
4	heavily	
5	early	
6	pretty	
7	highly	
8	nicely	
9	letter	
10	really	
11	dirty	
12	quietly	
13	loudly	
14	honestly	
15	lately	
16	grow	
17	history	
18	write	
19	forget	
20	weekend	
21	boring	
22	trust	
23	shout	
24	lie	
25	Spanish	

Type 2 다음 우리말에 해당하는 영단어를 쓰세요.

1	조심스럽게	
2	바쁘게	
3	운 좋게	
4	무겁게	
5	이른; 이르게, 일찍	
6	예쁜; 꽤, 상당히	
7	매우	
8	멋지게	
9	편지, 글자	
10	정말	
11	더러운	
12	조용히, 조용하게	
13	크게, 시끄럽게	
14	정직하게	
15	최근에	
16	자라다	
17	역사	
18	쓰다	
19	잊다	
20	주말	
21	지루한	
22	신뢰하다, 믿다	
23	소리지르다	
24	거짓말	
25	스페인어	

1. 현재진행형 / 2. -ing 만드는 법

정답 및 해설 p. 25

Step 1   우리말 뜻을 보고, 밑줄 친 부분이 옳으면 ○에, 틀리면 ×에 표시하고 알맞게 고쳐 쓰세요.

1   He <u>is having</u> two jars of honey.
그는 꿀 두 병을 가지고 있다.
○ / × ➡ _____

2   We <u>are drawing</u> big circles.
우리는 큰 원들을 그리고 있다
○ / × ➡ _____

3   Ellen <u>bake</u> some bread now.
Ellen은 지금 빵을 좀 굽고 있다.
○ / × ➡ _____

4   David <u>is wanting</u> some water.
David는 물을 좀 원한다.
○ / × ➡ _____

5   The woman <u>is wait</u> for her daughter.
그 여자는 자기 딸을 기다리고 있다.
○ / × ➡ _____

6   A few dragonflies <u>flying</u> in the sky.
잠자리 몇 마리가 하늘에서 날고 있다.
○ / × ➡ _____

7   They <u>are listening</u> to music.
그들은 음악을 듣고 있다.
○ / × ➡ _____

8   An elephant <u>is eat</u> some apples.
코끼리 한 마리가 사과를 몇 개 먹고 있다.
○ / × ➡ _____

> 보기 The cat _____is sleeping_____ under the chair. (sleep)
> 고양이가 의자 아래에서 잠자고 있다.

1 A bird _____ on the tree. (sing)
새 한 마리가 나무 위에서 노래하고 있다.

2 I _____ a diary. (keep)
나는 일기를 쓰고 있다.

3 The train _____ at the station. (arrive)
기차가 역으로 도착하고 있다.

4 The people _____ in the mirror. (look)
사람들이 거울을 보고 있다.

5 George and his sister _____ in the living room. (talk)
George와 그의 누나는 거실에서 이야기하고 있다.

6 The cook _____ some onions. (cut)
요리사가 양파를 몇 개 썰고 있다.

7 A few students _____ books. (read)
몇몇 학생들이 책을 읽고 있다.

8 Mr. Baker _____ loudly on the stage. (speak)
Baker 씨가 무대 위에서 크게 말하고 있다.

9 Julia _____ a walk with her dog. (take)
Julia가 자기 강아지와 산책하고 있다.

10 He _____ something on the paper. (write)
그가 종이에 뭔가를 적고 있다.

Step **3** I와 친구들이 하고 있는 일을 나타낸 표를 보고, 빈칸에 알맞은 말을 쓰세요.

시간	I	Roy	Lena
2:00-3:00	do my homework	read a book	play the violin
3:30-4:30	drink some tea	take a walk	watch TV
5:00-5:30	take a shower	eat some fruit	have dinner
6:00-7:00	have dinner	watch TV	do the dishes

02:30

1 I _____ _____ my homework.

2 Roy _____ _____ a book.

3 Lena _____ _____ the violin.

03:50

4 I _____ _____ some tea.

5 Roy _____ _____ a walk.

6 Lena _____ _____ TV.

05:15

7 I _____ _____ a shower.

8 Roy _____ _____ some fruit.

9 Lena _____ _____ dinner.

06:40

10 I _____ _____ dinner.

11 Roy _____ _____ TV.

12 Lena _____ _____ the dishes.

1. We are _____ big circles.

2. Ellen is _____ some bread now.

3. The woman _____ _____ for her daughter.

4. They are _____ _____ music.

5. An elephant is _____ some apples.

6. A bird _____ _____ on the tree.

7. The train _____ _____ at the station.

8. He _____ _____ something on the paper.

9. Roy _____ _____ a book.

10. Lena _____ _____ the dishes.

3. 현재진행형 부정문 / 4. 현재진행형 의문문

정답 및 해설 p. 26

Step 1 올바른 현재진행형 문장이 되도록 알맞은 말을 고르세요.

1 You (not are working / are not working) for the company.
너는 그 회사에서 일하고 있지 않다.

2 (Are wearing you / Are you wearing) white socks?
너는 흰 양말을 신고 있니?

3 Her parents (is not drinking / are not drinking) coffee.
그녀의 부모님은 커피를 마시고 있지 않다.

4 Ms. Green (does not singing / is not singing) in her room.
Green 씨는 자기 방에서 노래하고 있지 않다.

5 (Are those buses arriving / Are arriving those buses) here?
그 버스들이 여기로 도착하고 있니?

6 (Is he packing / He packing is) his bag for a picnic?
그가 소풍을 위해 가방을 싸고 있니?

7 They (aren't buying / are buying not) any vegetables.
그들은 채소를 전혀 사고 있지 않다.

8 (Are the students going / Is the students going) to the theater?
그 학생들은 극장으로 가고 있니?

9 Is (the women making / the woman making) a basket?
그 여자가 바구니를 만들고 있니?

10 The players (are not sitting / is not sitting) on the bench.
그 선수들은 벤치에 앉아 있지 않다.

1 A: _____ _____ _____ in the swimming pool?

Brian이 수영장에서 수영하고 있니?

B: **Yes, he is.** 응, 그래.

2 A: _____ _____ _____ a walk with your friend?

너는 친구와 산책하고 있니?

B: **No, I'm not.** 아니, 그렇지 않아.

3 A: **Is the teacher asking a difficult question?** 선생님께서 어려운 질문을 하고 계시니?

B: _____, she _____. 응, 그래.

4 A: _____ your mother _____ carefully?

너희 어머니께서 조심히 운전하고 계시니?

B: **Yes, she** _____. 응, 그래.

5 A: _____ these kids _____ for their shuttle bus?

이 아이들이 셔틀버스를 기다리고 있니?

B: _____, they are. 응, 그래.

6 A: **Is your sister** _____ a science class? 너희 언니가 과학 수업을 듣고 있니?

B: _____, _____ _____. 응 그래.

7 A: _____ _____ raining a lot? 비가 많이 내리고 있니?

B: **No,** _____ _____. 아니, 그렇지 않아.

8 A: **Are the boys** _____ to the same music? 소년들이 똑같은 음악을 듣고 있니?

B: **No, they** _____ _____. 아니, 그렇지 않아.

9 A: _____ that bird _____ an insect? 저 새가 곤충을 잡고 있니?

B: **No, it** _____. 아니, 그렇지 않아.

Step 3 Jenny와 Jenny의 부모님이 하고 있는 일을 나타낸 표를 보고, 빈칸에 알맞은 말을 쓰세요.

시간	Jenny	Jenny's mother	Jenny's father
9:00-10:00	study English	work in her room	have breakfast
10:30-11:00	take a break	drink coffee	drink coffee
11:30-12:30	practice badminton	have lunch	wash his car

09:30

1 A: _____ Jenny _____ English at 9:30?
   B: Yes, she _____ .

2 A: _____ Jenny's mother _____ breakfast at 9:30?
   B: No, _____ _____ .

3 A: _____ Jenny's father _____ in his room at 9:30?
   B: _____ , he isn't.

10:45

4 A: Is Jenny _____ coffee at 10:45?
   B: No, she _____ .

5 A: _____ Jenny's parents _____ coffee at 10:45?
   B: _____ , _____ are.

11:50

6 A: _____ Jenny _____ badminton at 11:50?
   B: Yes, _____ _____ .

7 A: _____ Jenny's mother _____ lunch at 11:50?
   B: _____ , she _____ .

8 A: Is Jenny's father _____ a break at 11:50?
   B: No, _____ _____ .

 듣기 Mp3

1. You are not _____ for the company.

2. Is he _____ his bag for a picnic?

3. They aren't _____ any vegetables.

4. _____ the students _____ to the theater?

5. Is your mother _____ carefully?

6. _____ _____ _____ a lot?

7. Are the boys _____ _____ the same music?

8. Is that bird _____ an insect?

9. _____ Jenny's parents _____ coffee at 10:45?

10. Is Jenny's father _____ _____ _____ at 11:50?

Chapter 07

단어 TEST

○ 반드시 반을 접어서 사용하세요.

Type 1 다음 영단어에 대한 우리말 뜻을 쓰세요.

1	homework	
2	draw	
3	butterfly	
4	machine	
5	noise	
6	smile	
7	cut	
8	fix	
9	lie	
10	put	
11	die	
12	leaf	
13	tire	
14	cello	
15	carry	
16	question	
17	clean	
18	cellphone	
19	uniform	
20	weather	
21	practice	
22	office	
23	triangle	
24	sell	
25	favorite	

Type 2 다음 우리말에 해당하는 영단어를 쓰세요.

1	숙제, 과제	
2	그리다	
3	나비	
4	기계	
5	소음	
6	미소 짓다	
7	자르다	
8	고치다, 고정하다	
9	눕다	
10	놓다, 두다	
11	죽다	
12	잎사귀, 잎	
13	타이어	
14	첼로	
15	나르다	
16	질문	
17	청소하다	
18	휴대전화	
19	교복	
20	날씨	
21	연습하다	
22	사무실	
23	삼각형, 세모	
24	팔다	
25	가장 좋아하는	

Step 1   우리말 뜻에 맞게 괄호 안에서 알맞은 말을 고르세요.

1 A black car is (between / behind) their house.

검은 자동차 한 대가 그들의 집 뒤에 있다.

2 My parents are walking (out of / along) the beach.

나의 부모님은 해변을 따라 걷고 있다.

3 She is standing (into / in front of) your house.

그녀는 너의 집 앞에 서 있다.

4 An airplane is flying (above / under) the clouds.

비행기 한 대가 구름 위로 날고 있다.

5 Leo is hiding (between / beneath) the tree and the fence.

Leo는 나무와 울타리 사이에 숨어 있다.

6 Mike rarely goes for a walk (above / around) the lake.

Mike는 그 호수 주변으로 거의 산책하러 가지 않는다.

7 The Modern Museum is (through / next to) the post office.

현대 박물관은 우체국 옆에 있다.

8 Is my watch (on / around) the desk?

내 손목시계가 책상 위에 있니?

9 Lots of people are climbing (up / with) the mountain.

많은 사람들이 산을 오르고 있다.

10 The tennis ball is (below / behind) the vase.

테니스공이 꽃병 뒤에 있어.

Step 2 밑줄 친 부분이 옳으면 ○에, 틀리면 ×에 표시하고 알맞게 고쳐 쓰세요.

1 Some women are going <u>up</u> the stairs.
몇몇 여성들이 계단을 오르고 있다.

  ○ / × ➡ _____

2 Joanna is riding a horse <u>across</u> the field.
Joanna는 들판을 가로질러 말을 타고 있다.

 ○ / × ➡ _____

3 The gloves are <u>behind</u> the scarf and the hat.
장갑은 스카프와 모자 사이에 있다.

 ○ / × ➡ _____

4 Is Noah sleeping <u>around</u> the sofa?
Noah가 소파 위에서 자고 있니?

  ○ / × ➡ _____

5 Lots of cars pass <u>below</u> the tunnel every day.
많은 차들이 매일 터널을 통과해 지나간다.

 ○ / × ➡ _____

6 Mr. Robin is looking <u>in front of</u> the door.
Robin 씨가 문밖을 바라보고 있다.

  ○ / × ➡ _____

7 Are they playing soccer <u>behind</u> this building?
그들이 이 건물 뒤에서 축구하고 있니?

  ○ / × ➡ _____

8 Don't jump <u>above</u> the water. It's so deep.
물속으로 뛰어들지 마. 매우 깊어.

  ○ / × ➡ _____

9 A baby is sleeping <u>between</u> cats.
아기가 고양이들 사이에서 자고 있다.

  ○ / × ➡ _____

10 The man is going <u>in</u> the ladder.
그 남자가 사다리를 내려오고 있다.

○ / × ➡ _____

pencil picture	computer doll	keys scissors	bag violin

보기 The pencil is <u>between</u> <u>the</u> <u>book</u> <u>and</u> the vase.
(the book)

1 The computer is _____ _____ _____. (the desk)

2 Some keys are _____ _____ _____. (the drawer)

3 My bag is _____ _____ _____ _____.
(the bookshelf)

4 A beautiful picture is _____ _____ _____ _____
_____ _____. (the clock, the window)

5 The doll is _____ _____ _____. (the bed)

6 The scissors are _____ _____ _____. (the basket)

7 The violin is _____ _____ _____ _____. (the table)

듣고 받아쓰기

1. A black car is   their house.

2. She is standing   your house.

3. An airplane is flying   the clouds.

4. Is my watch   ?

5. Some women are going   the stairs.

6. Is Noah sleeping   ?

7. Don't jump   . It's so deep.

8. A baby is sleeping   cats.

9. My bag is   the bookshelf.

10. The scissors are   .

3. 전치사(시간) / 4. 그 밖의 전치사

Step 1 괄호 안에서 알맞은 말을 고르세요.

1 Nick goes to bed (on / at) 9 p.m.
Nick은 저녁 9시에 잠자리에 든다.

2 Please cut the cake (for / with) this knife.
이 칼로 케이크를 잘라주세요.

3 Do you always watch movies (with / by) Ellen?
너는 항상 Ellen과 함께 영화를 보니?

4 We visit India (on / in) April 10th.
우리는 4월 10일에 인도를 방문한다.

5 They sometimes finish their work (on / at) dawn.
그들은 가끔 새벽에 일을 끝낸다.

6 Does your uncle live (in / by) London?
너희 삼촌은 런던에 사시니?

7 Does everybody drink coffee (before / after) lunch?
모든 사람들이 점심 식사 후에 커피를 마시니?

8 I'm buying some roses (for / about) Alice.
나는 Alice를 위해 장미를 좀 사고 있다.

9 You can go there (by / with) ship.
배로 거기에 갈 수 있어.

10 Are Henry and Joe talking (for / about) the novel?
Henry와 Joe가 그 소설에 관해 이야기하고 있니?

Step 2 우리말 뜻과 같도록 괄호 안의 말과 전치사를 사용해 문장을 완성하세요.

1 The weather is so cold _____ _____. (February)
2월에는 날씨가 매우 춥다.

2 Nancy has a party _____ _____ _____. (July 10th)
Nancy는 7월 10일에 파티를 한다.

3 My family enjoys camping _____ _____. (Autumn)
나의 가족은 가을에 캠핑을 즐긴다.

4 The department store opens _____ _____ _____. (Christmas Day)
그 백화점은 크리스마스 날에 문을 연다.

5 My brother and I go to school _____ _____. (bike)
나의 형과 나는 자전거로 학교에 간다.

6 People don't know much _____ _____. (whales)
사람들은 고래에 관해 많이 알지 못한다.

7 Let's play table tennis _____ _____. (dinner)
저녁 식사 후에 탁구 치자.

8 The bus doesn't run _____. (midnight)
그 버스는 자정에 운행하지 않는다.

9 He will come to Korea _____ _____. (2026)
그는 2026년에 한국에 올 것이다.

10 Does the baby take a nap _____ _____ _____? (the afternoon)
그 아기는 오후에 낮잠을 자니?

Step **3**   각각의 안내문을 보고, 빈칸에 알맞은 전치사를 쓰세요.

My Birthday Party

◉ Date: Saturday, March 12th   ◉ Time: 5 - 8 p.m.

◉ Place: My House   ◉ Event: Chess

---

1 My birthday is _____ March.

2 I have a party _____ March 12th.

3 The party starts _____ 5 p.m.

4 See you _____ Saturday.

School Festival

◉ Date: Friday, April 1st   ◉ Time: 10 a.m. - 6 p.m.

◉ Place: Dream Elementary School   ◉ Event: Dance Contest (3 p.m. - 5 p.m.)

---

5 Our school festival is _____ April.

6 The festival finishes _____ 6 p.m.

7 We have a dance contest _____ the afternoon.

Children's Day Event

◉ Date: Sunday, May 3rd   ◉ Time: 10 a.m. - 11 a.m.

◉ Place: Central Park   ◉ Event: Gifts for Visitors

---

8 We have Children's Day Event _____ Sunday.

9 The event starts _____ 10 a.m. See you at Central Park.

1. Please cut the cake   this knife.

2. We visit India   April 10th.

3. Does your uncle   London?

4. You can go there   .

5. Nancy has a party   .

6. People don't know much   whales.

7. The bus doesn't run   .

8. See you   .

9. The festival finishes   p.m.

10. The event starts   10 a.m.

⊙ 반드시 반을 접어서 사용하세요.

Type 1 다음 영단어에 대한 우리말 뜻을 쓰세요.

1	above	
2	below	
3	around	
4	roof	
5	shelf	
6	sofa	
7	curtain	
8	fence	
9	hole	
10	road	
11	lake	
12	tunnel	
13	along	
14	goat	
15	hill	
16	pond	
17	duck	
18	climb	
19	ladder	
20	theater	
21	rock	
22	midnight	
23	noon	
24	dawn	
25	sunset	

Type 2 다음 우리말에 해당하는 영단어를 쓰세요.

1	~ 위에	
2	~ 아래에	
3	~ 주변에	
4	지붕	
5	선반	
6	소파	
7	커튼	
8	울타리, 담	
9	구멍	
10	길, 도로	
11	호수	
12	터널	
13	~을 따라	
14	염소	
15	언덕	
16	연못	
17	오리	
18	오르다, 올라가다	
19	사다리	
20	극장	
21	바위	
22	자정	
23	정오	
24	새벽	
25	해질녘, 일몰	

Level
2

초등영문법
문장
의
원리

정답 및 해설

정답 및 해설

DAY 01

1. 일반동사 Quiz

1. use, 일반동사   **2.** Are, be동사   **3.** drink, 일반동사
4. have, 일반동사   **5.** am, be동사   **6.** call, 일반동사

2. 일반동사의 현재시제 Quiz

1. enjoy   **2.** bakes   **3.** moves   **4.** eats   **5.** go

✷ Build up

A

1. make   **2.** like   **3.** needs   **4.** walk
5. listens to

B

1. helps   **2.** eats   **3.** play   **4.** reads   **5.** rides
6. sing

해석

1. Jessica는 자기 엄마를 돕는다.
2. Kevin은 쿠키를 먹는다.
3. 너는 야구를 한다.
4. Jane은 만화책을 읽는다.
5. Emily는 자전거를 탄다.
6. 나는 노래를 부른다.

C

1. do   **2.** sets   **3.** read   **4.** swims
5. need   **6.** runs

D

1. enjoy   **2.** wears   **3.** learn   **4.** visit   **5.** have
6. jumps

DAY 02

3. 주어와 일반동사(1) Quiz

1. We come home at 6. p.m.
2. Emma and Oscar carry the bottles together.
3. I cry so often.
4. You have three tomatoes in the basket.
5. The monkeys pick up the red fruit.

4. 주어와 일반동사(2) Quiz

1. flies   **2.** does   **3.** misses   **4.** washes
5. says

✷ Build up

A

1. has   **2.** carries   **3.** brush   **4.** sleeps
5. passes   **6.** mixes

B

1. rides   **2.** washes   **3.** does   **4.** has
5. eats   **6.** flies

해석

1. Sophia는 자전거를 탄다.
2. Henry는 자기 개를 씻긴다.
3. Fiona는 숙제를 한다.
4. Fiona는 머리카락이 빨갛다.
5. Noah는 딸기 아이스크림을 먹는다.
6. 벌은 꽃 근처를 날아다닌다.

C

1. goes   **2.** stay   **3.** opens   **4.** brushes
5. looks   **6.** kisses   **7.** work   **8.** have
9. carries   **10.** eats

DAY 03   Review Test   본책 p.30~31

1. ④   **2.** ②   **3.** ②   **4.** ④   **5.** ①
6. do   **7.** studies   **8.** ③   **9.** ④
10. You   **11.** passes   **12.** The girl   **13.** ②
14. teaches   **15.** has
16. The ship carries cars to America.
17. I miss my grandparents so often.
18. Julie and her friend say "Thank you."
19. ③   **20.** ④

해석 & 해설

1. ④ go는 일반동사이고, am, are, is는 be동사이다.
　① 나는 지금 매우 바쁘다.
　② 그들은 내 친구들이다.
　③ Daniel은 스페인에서 왔다.
　④ 우리는 Green 공원에 간다.
2. ② 주어 Sophia는 3인칭 단수이므로 likes라고 써야 한다.
　① 나는 방과 후에 수학을 공부한다.
　② Sophia는 재즈 음악을 좋아한다.
　③ 너는 큰 바구니가 필요하다.
　④ Thomas는 내 이름을 안다.
3. ② '모음+y'로 끝나는 동사의 3인칭 단수 현재형은 -s만
　붙이므로 buies가 아니라 buys가 되어야 한다.
　① 열다   ② 사다   ③ 사용하다   ④ 고치다
4. ④ -ch로 끝나는 동사의 3인칭 단수 현재형은 -es를 붙
　이므로 catchs가 아니라 catches가 되어야 한다.

① 하다   ② 가지다, 먹다   ③ 요리하다   ④ 잡다

5. ① '자음+y'로 끝나는 동사의 3인칭 단수 현재형은 y를 -ies로 바꾸므로 crys가 아니라 cries가 되어야 한다.
① 울다   ② 섞다   ③ 씻다   ④ 말하다

6. 주어 Kevin and I는 복수이므로 do가 알맞다.

7. 주어 She는 3인칭 단수이므로 studies가 알맞다.

8. ③ -sh로 끝나는 동사의 3인칭 단수 현재형은 -es를 붙이므로 pushes가 되어야 한다.
해석   그녀의 어머니는 그 작은 버튼을 누른다.

9. ④ 주어 Jade's brother가 3인칭 단수이므로 동사 vis-its는 알맞다. ① 주어 William이 3인칭 단수이므로 동사는 washes가 되어야 한다. ② 주어 My parents가 복수이므로 동사는 swim이 되어야 한다. ③ 주어 A bee가 3인칭 단수이므로 동사는 sits가 되어야 한다.
① William은 세수한다.
② 나의 부모님은 수영을 잘하신다.
③ 벌 한 마리가 꽃 위에 앉아 있다.
④ Jade의 오빠가 나를 방문한다.

10. 동사가 wear이므로 주어는 You가 알맞다.
해석   너는 그 흰 바지를 가끔 입는다.

11. 주어 Jenny는 3인칭 단수이므로 동사는 passes가 알맞다.
해석   Jenny는 그 컵을 그녀의 오빠에게 건넨다.

12. 동사가 plays이므로 주어는 The girl이 알맞다.
해석   그 소녀는 거실에서 모바일 게임을 한다.

13. ② ・주어 Bob은 3인칭 단수이므로 동사는 has가 알맞다.
・주어 You and your sister는 복수이므로 like가 알맞다.
해석   ・Bob은 책상에 책 여섯 권을 가지고 있다.
・너와 너의 언니는 초콜릿을 좋아한다.

14. 주어 Her cousin은 3인칭 단수이므로 동사 teach를 teaches로 바꿔 써야 한다.
해석   그녀의 사촌은 학생들에게 과학을 가르친다.

15. 주어 Lucy's grandfather는 3인칭 단수이므로 동사 have를 has로 바꿔 써야 한다.
해석   Lucy의 할아버지는 분홍색 우산을 가지고 있다.

16. 주어 The ship은 3인칭 단수이고, '자음+y'로 끝나는 동사의 3인칭 단수 현재형은 y를 -ies로 바꾸므로 carrys를 carries로 고쳐 써야 한다.
해석   그 배는 자동차를 미국으로 나른다.

17. 주어 I는 1인칭이므로 동사 misses를 miss로 고쳐 써야 한다.
해석   나는 조부모님이 매우 자주 그립다.

18. 주어 Julie and her friend는 복수이므로 동사 says를 say로 고쳐 써야 한다.
해석   Julie와 그녀의 친구는 "감사합니다"라고 말한다.

19. ③ 주어 My aunt는 3인칭 단수이므로 동사는 help가 아니라 helps가 되어야 한다.
① 우리는 그 일을 끝낸다.
② 그들은 테니스 경기를 즐긴다.
③ 나의 이모(고모, 숙모)는 나이 든 사람들을 도와주신다.

④ Charlie 씨는 물을 좀 원한다.
⑤ 밖이 춥다.

20. ④ 주어 Kate's baby는 3인칭 단수이므로 동사는 sleep이 아니라 sleeps가 되어야 한다.
① Harry는 항상 열심히 노력한다.
② 너는 오늘 정말 멋져 보인다.
③ 그 박물관은 5시에 닫는다.
④ Kate의 아기는 밤에 잘 잔다.
⑤ 그들은 그 노래를 기억한다.

CHAPTER 2 **일반동사(2)** 본책 p.34~44

DAY 04

1. 일반동사 부정문(1) Quiz

1. do not live   **2.** do not study   **3.** don't sleep
4. do not go   **5.** don't open

2. 일반동사 부정문(2) Quiz

1. does not want   **2.** doesn't wear
3. does not watch   **4.** doesn't need
5. doesn't work

✳ Build up

A
1. don't   **2.** doesn't   **3.** doesn't   **4.** don't
5. don't   **6.** doesn't

B
1. doesn't   **2.** don't   **3.** doesn't
4. don't

해석
1. Annie는 채소를 좋아하지 않는다.
2. Jacob과 Eva는 TV를 보지 않는다.
3. Harry는 행복하다고 느끼지 않는다.
4. 이 소년들은 버스로 학교에 가지 않는다.

C
1. ○   **2.** don't wear   **3.** doesn't use
4. ○   **5.** doesn't teach   **6.** doesn't run

D
1. doesn't read   **2.** doesn't like
3. don't swim   **4.** doesn't have
5. doesn't go   **6.** doesn't speak
7. don't have

DAY 05

3. 일반동사 의문문 Quiz

1. Does   **2.** Do   **3.** Does   **4.** Do   **5.** Does

4. 일반동사 의문문에 대답하기 Quiz

1. does **2.** do **3.** don't **4.** does
5. doesn't

해석
1. A: 그녀는 신문을 읽니?
  B: 응, 그래.
2. A: 그들은 오늘 병원에 가니?
  B: 응, 그래.
3. A: 너의 친구들은 자전거를 타니?
  B: 아니, 그렇지 않아.
4. A: Mary의 아들이 춤을 잘 춥니까?
  B: 네, 그렇습니다.
5. A: Amy는 주방에서 요리하니?
  B: 아니, 그렇지 않아.

✳ Build up

A
1. Do **2.** Do **3.** Does **4.** Does
5. buy **6.** get **7.** your cats
8. a monkey **9.** the bank **10.** elephants

B
1. Yes **2.** she **3.** Yes **4.** they **5.** No
6. it does

해석
1. A: 너는 밤에 잘 자니?
  B: 응, 그래.
2. A: 그 여자는 한국어를 공부하니?
  B: 응, 그래.
3. A: Mark는 채소 수프를 만드니?
  B: 응, 그래.
4. A: Oscar와 지원이는 새 신발이 필요하니?
  B: 아니, 그렇지 않아.
5. A: 너와 너의 친구들은 내일 소풍 가니?
  B: 아니, 그렇지 않아.
6. A: 너의 미술 수업은 11시에 시작하니?
  B: 응, 그래.

C
1. Does **2.** Do **3.** Does **4.** doesn't
5. does **6.** don't

해석
1. 당신의 아들은 수학을 공부하나요?
2. 그 학생들은 창문을 청소하니?
3. Pamela는 샌드위치를 만드니?
4. A: 최 선생님은 음악을 가르치시니?
  B: 아니, 그렇지 않아.
5. A: Evelyn은 노란 모자를 가지고 있니?
  B: 응, 그래.
6. A: 그 소년들은 안경을 끼니?
  B: 아니, 그렇지 않아.

---

1. doesn't mix **2.** Does Tommy do
3. ④ **4.** ① **5.** ② **6.** ④ **7.** ②
8. ① **9.** ③ **10.** ④
11. your father cook
12. does not look 또는 doesn't look
13. Does he study
14. Do our students help sick people?
15. The little kid doesn't cry at night.
16. Do penguins enjoy swimming in the ocean?
17. ③ **18.** ②

해석 & 해설
1. doesn't 뒤에는 동사원형이 온다. 따라서 doesn't mix 가 알맞다.
  해석 그녀는 소금과 물을 섞는다.
    → 그녀는 소금과 물을 섞지 않는다.
2. Tommy 앞에 Does가 오고, Tommy 뒤에 동사원형 do가 온다. 따라서 Does Tommy do가 알맞다.
  해석 Tommy는 숙제를 한다.
    → Tommy가 숙제를 하니?
3. ④ 주어 Her friends가 복수이므로 doesn't가 아니라 don't를 써야 한다.
  ① Monica는 그들을 알지 못한다.
  ② 그 남자는 설탕을 먹지 않는다.
  ③ 우리는 필통이 필요하지 않다.
  ④ 그녀의 친구들은 TV를 보지 않는다.
4. ① 주어 your dog가 3인칭 단수이므로 Do가 아니라 Does를 써야 한다.
  ① 너희 개는 눈을 좋아하니?
  ② 그 소년들은 신발을 사니?
  ③ 당신의 아이들은 중국에 머무르나요?
  ④ 그는 과학을 열심히 공부하니?
5. ② Do/Does 뒤에 주어를 쓰고, 주어 뒤에 동사원형을 쓰므로 sleeps가 아니라 sleep이 되어야 한다.
  ① 그것은 다리가 네 개니?
  ② 그 아기는 잘 자니?
  ③ 그 검은 나비들은 높이 나니?
  ④ 그들은 오늘 부모님을 방문하니?
6. ④ 의문문에 Does를 썼으므로 복수인 his friends는 주어 자리에 들어갈 수 없다.
  해석 Jake는/너의 남동생은/그 소녀는 사과주스를 더원하니?
7. ② 부정문에 don't를 썼으므로 3인칭 단수인 My mom은 주어 자리에 들어갈 수 없다.
  해석 너는/그들의 고양이들은/수지와 미나는 아침에 기분이 좋지 않다.
8. ① 부정문에 doesn't를 썼으므로 복수인 Bees는 주어 자리에 들어갈 수 없다.
  해석 그것은/저 새는/나의 햄스터는 나무 위에서 노래하지 않는다.

9. ③ 의문문의 주어가 you이므로 대답할 때의 주어는 I가 되어야 한다. 긍정일 때는 Yes와 함께 do를 써야 하고, 부정일 때는 No와 함께 don't를 써야 하므로 ③이 알맞다.

해석 너는 매일 아침 식사를 하니? – 응, 그래.

10. ④ 의문문의 주어가 Sandy and Mark이므로 대답할 때의 주어는 they가 되어야 한다. 긍정일 때는 Yes와 함께 do를 써야 하고, 부정일 때는 No와 함께 don't를 써야 하므로 ④가 알맞다.

해석 Sandy와 Mark가 학교에서 한국어를 배우니? – 아니, 그렇지 않아.

11. Do/Does로 시작하는 의문문에서 주어 뒤에는 동사원형을 써야 한다. 따라서 cooks를 cook으로 고쳐 써야 한다.

해석 너희 아버지는 요리를 잘하시니?

12. 부정문은 「주어 + do/does not + 동사원형」 순서로 써야 한다. 따라서 does not look 또는 doesn't look으로 고쳐 써야 한다.

해석 그것은 좋아 보이지 않는다.

13. 주어 he는 3인칭 단수이므로 Do가 아니라 Does로 고쳐 써야 한다. 주어 뒤에는 동사원형이 와야 하므로 study로 고쳐 써야 한다.

해석 그는 음악을 공부하니?

14. 주어 Our students가 복수이므로 Do를 써야 한다. 주어 뒤에는 동사원형 help를 쓴다.

해석 우리 학생들은 아픈 사람을 돕습니다. → 우리 학생들은 아픈 사람을 돕습니까?

15. 주어 The little kid가 3인칭 단수이므로 doesn't를 쓰고 뒤에는 동사원형 cry를 쓴다.

해석 그 어린아이는 밤에 웁니다. → 그 어린아이는 밤에 울지 않습니다.

16. 주어 Penguins가 복수이므로 Do를 써야 한다. penguins 뒤에는 동사원형 enjoy를 쓴다.

해석 펭귄들은 바다에서 수영을 즐깁니다. → 펭귄들은 바다에서 수영을 즐깁니까?

17. ③ Do로 질문했으므로 'Yes, they do.'라고 대답해야 한다. are로 대답할 수 없다.
① A: 너는 그 공원에 방문하니?
B: 아니, 그렇지 않아.
② A: 그 소년이 크게 말하니?
B: 응, 그래.
③ A: 그들의 선생님들이 슬퍼하시니?
B: 응, 그래.
④ A: 그것은 꼬리가 있니?
B: 아니, 그렇지 않아.
⑤ A: 그 아이들은 축구를 하니?
B: 응, 그래.

18. ② Do로 질문했으므로 'Yes, we do.'라고 대답해야 한다. have로 대답할 수 없다.
① A: John과 Katie는 브로콜리를 좋아하니?
B: 응, 그래.

② A: 우리 오늘 영어 수업이 있니?
B: 응, 그래.
③ A: 그 트럭은 꽃을 나르니?
B: 아니, 그렇지 않아.
④ A: 너희 이모는 자전거를 타시니?
B: 아니, 그렇지 않아.
⑤ A: 그들은 노래를 잘 하니?
B: 응, 그래.

CHAPTER 3 형용사 본책 p.46~56

DAY 07

1. 형용사란 Quiz
1. white **2.** sunny **3.** three **4.** long **5.** new
6. sweet

2. 수량을 나타내는 형용사 Quiz
1. many **2.** a little **3.** much **4.** a lot of **5.** little

✳ Build up
A
1. few , people **2.** nice , cap **3.** large , boxes
4. rainy , days **5.** blue , pants **6.** four , bottles
B
1. dark **2.** clean **3.** dry **4.** poor **5.** difficult
6. light
C
1. much **2.** little **3.** a lot of **4.** Many **5.** a little
D
1. a little paper **2.** two children **3.** much sugar
4. Few people **5.** Lots of buses

DAY 08

3. 형용사가 명사를 꾸밀 때 Quiz
1. a cute girl **2.** These black buttons
3. too little money **4.** my old sofa
5. that yellow bird

4. 형용사가 주어를 설명할 때 Quiz
1. 서술 **2.** 수식 **3.** 수식 **4.** 서술 **5.** 수식 **6.** 수식

✳ Build up
A
1. That book **2.** too much **3.** his close
4. very smart **5.** so bad

B

1. cold   2. difficult   3. quiet
4. expensive   5. hungry

C

1. are dirty   2. rich woman   3. blue
4. delicious

D

1. expensive   2. interesting   3. long
4. clean   5. busy   6. bright

> **해석**

1. 이 요트는 비싸다. → 이것은 비싼 요트이다.
2. 저것은 흥미로운 영화이다. → 저 영화는 흥미롭다.
3. 기린의 목은 길다. → 기린은 긴 목을 가지고 있다.
4. 그 Blue 강은 깨끗하다. → 그 Blue 강은 깨끗한 강이다.
5. George는 바쁜 남자이다. → George는 바쁘다.
6. 우리 교실은 밝다. → 우리 교실은 밝은 교실이다.

DAY 09   Review Test   본책 p.54~55

1. ③   **2.** ③   **3.** ④   **4.** ③   **5.** ③
6. ①   **7.** ②   **8.** ②   **9.** ④   **10.** ①
11. ②   **12.** ①   **13.** much money
14. little meat
15. Joshua knows the right answer.
16. Who is that kind man?
17. I like those pretty pictures.
18. ③, ④   **19.** ①, ④

> **해석 & 해설**

1. ① 긴 – 짧은   ② 오래된 – 새로운
   ③ 무거운 – 어두운   ④ 마른 – 젖은
2. ① 높은 – 낮은   ② 큰 – 작은
   ③ 부유한 – 아픈   ④ 좋은 – 나쁜
3. ④ many(많은)는 셀 수 있는 명사의 복수형과 함께 쓰므로 셀 수 없는 명사 cheese는 알맞지 않다.
   > **해석** 우리는 책이/꽃이/토마토가 많다.
4. ③ a little(약간)은 셀 수 없는 명사와 함께 쓰므로 셀 수 있는 명사 복수형 eggs는 알맞지 않다.
   > **해석** 그들은 고기가/설탕이/우유가 약간 필요하다.
5. ③ people은 셀 수 있는 명사의 복수형이므로 셀 수 없는 명사와 함께 쓰는 A little은 알맞지 않다.
   ① 사람들은 그 회색 바지를 거의 원하지 않는다.
   ② 몇몇 사람들이 그 회색 바지를 원한다.
   ④ 많은 사람들이 그 회색 바지를 원한다.
6. ① a lot of(많은)는 셀 수 있는 명사/셀 수 없는 명사 둘 다 가능하다. time(시간)은 셀 수 없는 명사이므로 much와 바꿔 쓸 수 있다.
   > **해석** 그들은 시간이 많지 않다.
7. ② lots of(많은)는 a lot of와 마찬가지로 셀 수 있는 명사/셀 수 없는 명사 둘 다 가능하다. grapes(포도)는 셀 수

있는 명사의 복수형이므로 many와 바꿔 쓸 수 있다.
> **해석** Lisa는 많은 포도를 씻는다.

8. ② 네모 안에서 형용사 nice는 명사 coat를 수식한다. ② 에서 형용사 brown이 명사 hair를 수식하므로 쓰임이 같다. ①, ③, ④는 be동사 뒤의 형용사가 주어를 설명한다.
   > **해석** Steve는 멋진 코트를 산다.
   ① 네 우산이 젖었어.
   ② Tommy는 갈색 머리를 가지고 있다.
   ③ 그 선생님들은 바쁘시다.
   ④ Cathy는 지금 배가 고프다.
9. ④ 네모 안에서 형용사 excellent는 주어 This restaurant를 설명한다. ④에서 형용사 green이 주어 Trees를 설명하므로 쓰임이 같다. ①, ②, ③은 형용사가 명사를 수식한다.
   > **해석** 이 식당은 훌륭하다.
   ① 그는 어려운 질문을 한다.
   ② 그것은 두 번째 노래이다.
   ③ 나는 그 젊은 남자를 안다.
   ④ 나무는 여름에 초록색이다.
10. ① 네모 안에서 형용사 sour는 주어 The peach를 설명한다. ①에서 형용사 happy가 주어 You를 설명하므로 쓰임이 같다. ②, ③, ④는 형용사가 명사를 수식한다.
    > **해석** 그 복숭아는 신맛이 난다.
    ① 너는 오늘 행복해 보여.
    ② 우리에게 큰 테이블이 필요하니?
    ③ 그들은 건강한 학생들이다.
    ④ Roy는 맛있는 빵을 만든다.
11. ② 첫 번째 문장에서 salt는 셀 수 없는 명사이므로 much, a little, little을 쓸 수 있다. 두 번째 문장에서 cookies 는 셀 수 있는 명사의 복수형이므로 a few, a lot of를 쓸 수 있다. 따라서 빈칸에 들어갈 수 있는 말로 짝지어진 것은 ②이다.
    > **해석** • 소금을 약간 추가해라.
    • 나는 쿠키가 약간 있다.
12. ① 첫 번째 문장에서 pencils는 셀 수 있는 명사의 복수 형이므로 a few, lots of를 쓸 수 있다. 두 번째 문장에서 rain은 셀 수 없는 명사이므로 little을 쓸 수 있다. 따라서 빈칸에 들어갈 수 있는 말로 짝지어진 것은 ①이다.
    > **해석** • 그는 가방에 연필 몇 자루를 넣는다.
    • 이번 봄에 비가 거의 안 온다.
13. money는 셀 수 없는 명사이므로 much와 함께 쓴다.
14. meat은 셀 수 없는 명사이므로 little과 함께 쓴다.
15. the + right(형용사) + answer(명사) 순서로 쓴다.
    > **해석** Joshua는 옳은 답을 안다.
16. that + kind(형용사) + man(명사) 순서로 쓴다.
    > **해석** 저 친절한 남자는 누구인가요?
17. those + pretty(형용사) + pictures(명사) 순서로 쓴다.
    > **해석** 나는 저 예쁜 그림들을 좋아한다.
18. ③ that + tall(형용사) + lady(명사) 순서로 써야 한다.
    ④ sandwiches가 셀 수 있는 명사의 복수형이므로 a

little은 쓸 수 없다. '약간'이라는 같은 의미가 되려면 a few를 써야 한다.

① Judy는 음악을 많이 듣는다.
② 우리는 공간이 많이 필요하지 않다.
③ 나는 저 키 큰 여성분을 알지 못한다.
④ 그 남자들은 샌드위치 약간 먹는다.
⑤ 나는 그 신발이 마음에 든다.

19. ① glasses가 복수형이므로 This가 아니라 These를 써야 한다. ④ word는 셀 수 있는 명사이므로 a few와 함께 쓸 때는 복수형 words를 써야 한다.

① 이 새 안경은 내 것이다.
② 그 아기는 지금 기분이 좋다.
③ 나는 오늘 그녀의 귀여운 고양이를 만난다.
④ 그들은 몇 가지 쉬운 단어를 배운다.
⑤ 그 요리사는 소금이 많이 필요하다.

CHAPTER **4** 기수와 서수　본책 p.58~68

DAY **10**

1. 기수 Quiz

1. eleven　　**2.** four　　**3.** one hundred
4. thirty　　**5.** seven

2. 서수 Quiz

1. 서수　**2.** 기수　**3.** 서수　**4.** 기수　**5.** 기수

✳ Build up

A
1. fifth　　**2.** second　**3.** three　**4.** ninth
5. eleventh　　**6.** thirteen

B
1. 40　**2.** 5　**3.** 21　**4.** 14　**5.** 12　**6.** 50

해석
1. 그 여성은 연필 40자루를 산다.
2. 오늘은 내 여동생의 다섯 번째 생일이다.
3. 그는 자신의 21번째 책을 쓴다.
4. 나에게 14번째 카드를 보여줘.
5. 12월은 일년 중 열두 번째 달이다.
6. 나는 이모의 50번째 생신을 위해 편지를 쓴다.

C
1. fifth　　**2.** thirty　　**3.** fifteenth
4. fourth　　**5.** forty-third　**6.** ninth

D
1. twentieth　　**2.** twenty-seven
3. seventeenth　**4.** third　　**5.** sixth
6. fortieth

---

3. 숫자, 전화번호, 화폐 읽는 법 Quiz

1. ○　**2.** ○　**3.** ○　**4.** ×　**5.** ×

4. 연도, 월, 일 읽는 법 Quiz

1. ×　**2.** ○　**3.** ○　**4.** ×　**5.** ○

✳ Build up

A
1. seventy-nine　　　　**2.** hundred
3. five thousand, eighty　**4.** thousand nine
5. oh[zero], two, oh[zero]
6. one hundred, dollars　**7.** ninety-two
8. four, one

B
1. 7,961　**2.** 347　**3.** 9,133　**4.** 683
5. 2016　**6.** 3, 12　**7.** 787-2436

C
1. June (the) second/the second of June
2. four-five oh[zero], eight two oh[zero] seven

D
1. six hundred twenty
2. five hundred fifty dollars
3. two thousand two
4. (the) eighth twenty twenty three 또는 (the) eighth two thousand twenty three
5. twenty-fifth

DAY **12**　Review Test　본책 p.66~67

1. ③　**2.** ②　**3.** ③　**4.** ①　**5.** ②
6. ②　**7.** ①　**8.** ④
9. two thousand, four hundred fifty
10. October first, nineteen ninety
11. ③　**12.** ④
13. seven thousand, eight hundred one
14. November second, two thousand nine
15. eight hundred eighty dollars
16. fifth　**17.** seven　**18.** twentieth
19. ③　**20.** ①

해석 & 해설
1. ③ 3의 서수는 third이다.
2. ② 20의 서수는 twentieth이다.
3. ③ 960은 nine hundred sixty로 읽는다.
4. ① 1830년은 eighteen thirty로 읽는다.
5. ② 1700년은 seventeen hundred로 읽는다.
6. ② 9의 서수는 ninth이다.
　　해석　우리는 9층에 산다.

7. ① four의 서수는 fourth이다.

　해석　Lydia는 4학년이다.

8. ④ 12의 기수는 twelve이다.

　해석　그는 포크 12개가 필요하다.

9. 2,450은 two thousand, four hundred fifty로 읽는다.

　해석　나는 매일 2,450미터를 달린다.

10. 월-일-년 순서로 읽어야 하며, 1990년은 nineteen ninety로 읽는다.

　해석　오늘은 1990년 10월 1일이다.

11. one hundred forty-five는 145이다.

　해석　그 바지는 145달러이다.

12. July thirty-first, eighteen fifty는 1850년 7월 31일이다.

　해석　• 내일은 1850년 7월 31일이다.

13. 숫자는 뒤에서 세 자리씩 끊어 읽는다.

14. 날짜에서 2일은 second로 읽는다.

15. 880달러는 eight hundred eighty dollars이다.

16. 5의 서수는 fifth이다.

17. 7의 기수는 seven이다.

18. 20의 서수는 twentieth이다.

19. ③ 건물의 층은 서수로 나타내므로 'Her office is on the sixth floor.'가 되어야 한다.

① 나의 이모는 딸이 세 명이다.

② 오늘은 Tom의 아홉 번째 생일이다.

③ 그녀의 사무실은 6층에 있다.

④ 나는 Jane에게서 그릇 두 개를 빌린다.

⑤ 나는 2학년이다.

20. ① 나이는 기수로 나타내므로 'Vicky is thirteen years old.'가 되어야 한다.

① Vicky는 13살이다.

② 세 번째 질문은 쉽지 않다.

③ 그의 아들은 4학년이다.

④ Turner 씨는 강아지가 열두 마리이다.

⑤ Julie는 11층에 산다.

1. ②　**2.** Her son　**3.** Does　**4.** don't　**5.** ③

6. ①　**7.** Sam doesn't work [does not work]

8. ①　**9.** ②　**10.** he does　**11.** ②

12. Does Clara's baby cry

13. My cousin doesn't live

14. Does your uncle enjoy table tennis?

15. Fiona has some old jackets.　　**16.** ②

17. ④　　**18.** ①　　**19.** ③　　**20.** ④　　**21.** ②

22. a little work　**23.** a few songs　**24.** ③

25. ③　　**26.** ③　　**27.** December twenty-fifth

28. four hundred thirty one

29. The company is on the eighth floor.

30. I have nine potatoes in my bag.

해석 & 해설

1. ② '자음 + y'로 끝나는 동사의 3인칭 단수형은 -y를 -ies로 바꿔 써야 한다. 따라서 ②는 studys가 아니라 studies가 되어야 한다.

① 걷다　② 공부하다　③ 지불하다　④ 밀다

2. needs는 3인칭 단수 동사이므로 빈칸에 들어갈 주어는 Her son이 알맞다.

　해석　그녀의 아들은 새 테이블이 필요하다.

3. 주어가 3인칭 단수일 때 일반동사의 의문문은 「Does+주어+동사원형 ~?」이다. 일반동사 have가 있으므로 Does가 알맞다.

　해석　그녀는 매일 아침을 먹니?

4. 주어 Andy and Bob은 복수이므로 don't가 알맞다.

　해석　Andy와 Bob은 그 파티를 즐기지 않는다.

5. ③ 주어 The cook이 3인칭 단수이므로 동사는 mix가 아니라 mixes가 되어야 한다.

① 저 트럭은 매우 빨리 달린다.

② 그녀의 오빠는 과학을 가르친다.

③ 그 요리사는 버터와 설탕을 섞는다.

④ 그는 방과 후에 숙제를 한다.

6. ① 일반동사 의문문에서 주어 뒤에는 동사원형을 쓴다. 따라서 he 뒤에 has가 아니라 have가 와야 한다.

① 그에게 종이가 좀 있니?

② 나의 이모는 골프를 치지 않으신다.

③ 우리는 그 책들을 나르지 않는다.

④ 호랑이는 날개가 없다.

7. 주어 Sam이 3인칭 단수이고, work는 일반동사이므로 doesn't work 또는 does not work를 쓴다.

8. ① 첫 번째 문장의 주어 Those women은 복수이므로 don't가 알맞다. 두 번째 문장의 주어 Chris는 3인칭 단수이므로 doesn't가 알맞다.

　해석　• 저 여성들은 중국 음식을 좋아하지 않는다.

• Chris는 오늘 영어 수업이 없다.

9. ② 첫 번째 문장의 주어 Your sisters는 복수이므로 don't가 알맞다. 두 번째 문장의 주어 These flowers

또한 복수이므로 don't가 알맞다.

> **해석** • 너의 언니들은 내 이름을 기억하지 못한다.
> • 이 꽃들은 좋은 향기가 나지 않는다.

10. 일반동사 의문문일 때 대답은 긍정일 때는 'Yes, 주어 + do/does'로, 부정일 때는 'No, 주어 + don't/doesn't 로 대답한다. 따라서 Yes 뒤에는 he does가 알맞다.

> **해석** A: 당신의 아들은 자전거를 타요?
> B: 네, 그래요.

11. ② 주어 the library가 3인칭 단수이므로 의문문은 「Does + 주어 + 동사원형」이 되어야 한다. 따라서 ② Does the library close가 알맞다.

> **해석** A: 그 도서관은 오후 5시 전에 문을 닫니?
> B: 아니, 그렇지 않아.

12. 주어 Clara's baby가 3인칭 단수이므로 일반동사 의문문은 「Does + 주어 + 동사원형 ~?」이 되어야 한다. 따라서 Does Clara's baby cry를 써서 의문문을 완성한다.

> **해석** Clara의 아기는 매일 밤 운다.
> → Clara의 아기는 매일 밤 웁니까?

13. 주어 My cousin이 3인칭 단수이므로 일반동사 부정문은 「주어 + doesn't + 동사원형 ~.」이 되어야 한다. 따라서 My cousin doesn't live를 써서 부정문을 완성한다.

> **해석** 나의 사촌은 남아프리카에 산다.
> → 나의 사촌은 남아프리카에 살지 않는다.

14. 주어 뒤에는 동사원형을 써야 하므로 enjoys를 enjoy로 고쳐 쓴다.

> **해석** 너희 삼촌은 탁구를 즐기시니?

15. 주어 Fiona가 3인칭 단수이므로 동사 have를 has로 고쳐 쓴다.

> **해석** Fiona는 오래된 재킷이 몇 벌 있다.

16. ② rich는 '부유한'이고, expensive는 '비싼'이므로 서로 의미가 반대라고 할 수는 없다. rich의 반대말은 poor(가난한), expensive의 반대말은 cheap이 알맞다.
① 무거운 – 가벼운   ② 부유한 – 비싼
③ 강한 – 약한   ④ 건강한 – 아픈

17. ④ bread는 셀 수 없는 명사이므로, 셀 수 있는 명사와 셀 수 없는 명사 둘 다 가능한 a lot of가 알맞다. a few, many, few는 셀 수 있는 명사와 쓴다.

> **해석** Justin은 빵집에서 빵을 많이 산다.

18. ① little은 셀 수 없는 명사의 양을 나타내며 '거의 없는'이 라는 뜻이 있지만, '작은'이라는 뜻도 있다. 따라서 빈칸에 little이 들어가서 A little boy(한 작은 소년)가 되는 것이 알맞다. ②의 few는 복수 명사와 쓰기 때문에 단수인 boy 앞에 올 수 없다. ③의 lot of가 들어가서 A lot of가 되면 단수인 boy와 함께 쓸 수 없으므로 불가능하다. ④의 lots of가 들어가면 A lots of가 되므로 불가능하다.

> **해석** 한 작은 소년이 수영장 안에 있다.

19. ③ much는 셀 수 없는 명사와 함께 쓰므로 셀 수 있는 명 사의 복수형인 friends는 알맞지 않다.

> **해석** 그는 돈을/시간을/물을 많이 가지고 있지 않다.

20. ④ a lot of(많은)는 셀 수 있는 명사의 복수형 또는 셀 수

없는 명사와 쓸 수 있다. 따라서 셀 수 없는 명사인 sugar, butter, milk는 모두 가능하다. 하지만 tomato는 셀 수 있는 명사이므로 a lot of와 쓰려면 단수형인 tomato는 안 되고 복수형인 tomatoes가 되어야 한다.

> **해석** 그들은 설탕이/버터가/우유가 많이 필요하다.

21. ② a few(많은)는 셀 수 있는 명사의 복수형과 쓸 수 있다. 따라서 셀 수 없는 명사 paper는 알맞지 않다.

> **해석** 나의 언니는 달걀을/쿠키를/연필을 약간 산다.

22. 셀 수 없는 명사의 양이 '약간 있는'것은 a little로 나타낼 수 있다. 따라서 little 앞에 a를 추가해서 a little work를 써서 문장을 완성한다.

23. song은 셀 수 있는 명사이고 '몇' 곡이라는 뜻을 나타내야 하므로 a few를 쓰고, song은 복수형 songs로 쓴다.

24. $194는 one hundred ninety four dollars로 읽 는다.

25. ③ 1921년을 두 자리씩 끊어서 nineteen twenty one 으로 읽는다. 서수는 날짜를 읽을 때 쓴다.

26. ③ twelfth는 20이 아니라 12의 서수이다.
① 나의 이모는 49세이다.
② 10월은 일년 중 열 번째 달이다.
③ Becky는 12층에 산다.
④ 내일은 나의 36번째 생일이다.

27. 12월 25일을 December twenty-fifth로 써서 문장을 완성한다.

28. 431을 four hundred thirty one으로 써서 문장을 완성한다.

29. 8층을 서수 eighth로 고쳐서 문장을 'The company is on the eighth floor.'로 다시 쓴다.

> **해석** 그 회사는 8층에 있다.

30. 단순한 개수는 기수로 나타내야 한다. 따라서 ninth를 nine으로 고쳐서 문장을 'I have nine potatoes in my bag.'으로 다시 쓴다.

> **해석** 나는 가방에 감자 9개가 있다.

CHAPTER 5 **some, any, every, all** 본책 p.74~84

DAY 14

1. some과 any (1) Quiz
1. any   **2.** some   **3.** any   **4.** any   **5.** some

2. some과 any (2) Quiz
1. peanuts   **2.** paper   **3.** sand
4. cheese   **5.** tea

✽ Build up

A
1. any   **2.** some   **3.** any   **4.** some

B

1. any　　**2.** some　**3.** any　　**4.** Some　**5.** Any

C

1. some money　　　**2.** any coffee

3. some cheese　　　**4.** some umbrellas

해석

1. Kevin은 돈을 좀 가지고 있다.

2. 나의 엄마는 커피를 전혀 드시지 않는다.

3. Hana는 치즈가 좀 필요하다.

4. Ella는 우산을 몇 개 가지고 있다.

D

1. any actors　　　　**2.** any salt

3. some tomatoes　　**4.** any homework

DAY 15

3. every Quiz

1. ○　**2.** ✕　**3.** ○　**4.** ○　**5.** ✕

4. all Quiz

1. ○　**2.** ✕　**3.** ✕　**4.** ○　**5.** ○

✳ Build up

A

1. Every　**2.** all　**3.** every　**4.** All

B

1. every　**2.** all　**3.** all　　**4.** every　**5.** Every

6. All

C

1. night　**2.** friends　**3.** skirts　　**4.** child

5. year　**6.** cookies　**7.** Monday　**8.** songs

9. vegetable　　　　　**10.** questions

DAY 16　Review Test　본책 p.82~83

1. ④　　　**2.** ①　　　**3.** some　　**4.** any

5. every　**6.** ②　**7.** ④　**8.** any Korean novels

9. ③　**10.** ②　**11.** ②　**12.** any　**13.** Every

14. every year

15. All the butterflies are from the garden.

16. Every woman on the street has a small bag.

17. ④　　**18.** ③

해석 & 해설

1. ④ 부정문이며 '~이 전혀 없는'이라는 뜻을 나타내야 하므
로 any가 되어야 한다.
① 나는 샌드위치가 좀 있어.
② 몇몇 소녀들이 자전거를 탄다.

---

③ 녹차 좀 마셔도 될까?

④ 그들은 포도가 전혀(any) 필요하지 않다.

2. ① all 뒤에 셀 수 있는 명사가 올 때는 복수형을 써야 하므
로 All the men이 되어야 한다.
① 그 남자들은 모두 체스를 한다.
② Jane은 매일 아침 조깅을 한다.
③ 그 아기는 밤새 잔다.
④ 모든 아이가 그 선생님을 좋아한다.

3. 긍정문에서 '약간의, 조금의'라는 뜻을 나타낼 때 some을
쓴다.

4. 부정문에서 '전혀 없는'이라는 뜻을 나타낼 때 any를 쓴다.

5. '모든 ~, 매 ~'라는 뜻을 나타내고 있고, 뒤에 단수 명사
story가 왔으므로 every를 쓴다.

6. ② '~ 하시겠습니까?'라는 뜻으로 권유하거나 제안하는 의
문문에서 some을 쓴다. coffee는 셀 수 없는 명사이므로
some coffee가 되어야 한다.

7. ④ every 뒤에는 단수 명사가 오므로 Every student
가 되어야 한다. ① All은 뒤에 셀 수 있는 명사가 올 때 복
수형을 써야 하므로 All student는 될 수 없다. 또한 뒤
에 온 동사가 learns이므로 ② Any students와 ③ All
students는 될 수 없다.

8. 의문문에서 '어떤 ~이든지'라는 뜻을 나타내므로 any를 써
야 한다.

9. ③ 뒤에 셀 수 있는 명사 child의 복수형 children이 왔
으므로, Some, All, Few는 빈칸에 들어갈 수 있지만,
Every는 들어갈 수 없다. Every 뒤에는 단수 명사가 온다.
해석　몇몇 아이들이 방과 후에 배드민턴을 친다. / 모든
아이들이 방과 후에 배드민턴을 친다. / 방과 후에 배드민턴
을 치는 아이들은 거의 없다.

10. ② all 뒤에 셀 수 있는 명사가 올 때는 복수형을 써야 하므
로 vegetable은 들어갈 수 없다.
해석　나의 아버지는 모든 영화/채소/나무를 좋아하신다.

11. ② '매일 밤'이라고 했으므로 「every+단수 명사」인 every
night이 되어야 한다.

12. '~이 전혀 없는'이라는 뜻을 나타내야 하므로 any가 되어
야 한다.

13. 뒤에 단수 명사 store와 단수 동사 opens가 왔으므로
Every가 되어야 한다.

14. '매 ~, ~마다'는 「every + 단수 명사」로 나타낸다. 따라서
'매년'은 every year로 쓰면 된다.

15. all 뒤에 셀 수 있는 명사가 올 때는 복수형을 써야 하므로
All the butterflies로 고쳐 써야 한다.
해석　모든 나비들은 그 정원에서 왔다.

16. every는 단수 명사와 함께 써야 하므로 복수형 women
을 단수형 woman으로 고쳐 써야 한다.
해석　거리의 모든 여성이 작은 가방을 가지고 있다.

17. ④ every 뒤에는 단수 명사가 와야 하므로 every month
가 되어야 한다.
① 우리는 밤새 잘 못 잤다.
② 너의 모든 책이 재미있다.

③ 학생이면 누구든지 음악실을 사용할 수 있다.

④ Fred는 매달 쇼핑하러 가니?

⑤ 바나나 좀 드시겠어요?

18. ③ some 뒤에 셀 수 없는 명사가 올 때는 양을 나타내며, -s를 붙이지 않는다. orange juice는 셀 수 없는 명사이므로 orange juice가 되어야 한다.

① 모든 아기들이 건강해 보인다.

② 나는 오늘 양말이 전혀 없다.

③ 오렌지주스 좀 드시겠어요?

④ 모든 회사에 냉장고가 있나요?

⑤ 나에게 물을 모두 다 줘.

CHAPTER 6 부사

본책 p.86~96

DAY 17

1. 부사의 형태 Quiz

1. ④

(hardly는 '열심히'가 아니라 '거의 ~않다'라는 뜻의 부사이다. 부사 '열심히'는 형용사와 똑같이 hard이다.)

2. ③

(happy를 부사로 바꾸면 happily이다.)

2. 부사의 역할과 의미 Quiz

1. cooks **2.** hot **3.** well **4.** likes **5.** hungry
6. dirty

✽ **Build up**

A

1. happily: 행복하게, 기쁘게 **2.** quietly: 조용하게
3. easily: 쉽게 **4.** heavily: 무겁게, 심하게

B

1. high **2.** late **3.** well **4.** really **5.** kindly
6. hard

C

1. pretty **2.** high **3.** well **4.** happily
5. sadly **6.** early

해석

1. 그 레몬주스는 꽤 시다.

2. 농구 선수가 높이 뛰어오른다.

3. Nancy는 수영을 잘한다.

4. 아기가 행복하게 웃는다.

5. 그 가수가 슬프게 노래한다.

6. Eva는 일찍 잠자리에 든다.

D

1. hardly **2.** well **3.** late **4.** fast **5.** quickly

DAY 18

3. 빈도부사 Quiz

A

1. 가끔 걸어간다 **2.** 자주 잊으신다

3. 항상 오전 10시 30분에 문을 연다

4. 안경을 거의 쓰지 않는다 **5.** 보통 집에 있다

B

1. sometimes **2.** seldom **3.** often **4.** usually
5. always **6.** rarely **7.** never **8.** hardly
9. sometimes **10.** always

✽ **Build up**

A

1. usually **2.** sometimes **3.** never
4. often **5.** always

B

1. always wear **2.** is usually quiet
3. hardly washes **4.** can never trust
5. often takes a bus **6.** never shout at me

C

1. are usually **2.** rarely drinks
3. seldom buys **4.** can never run
5. am sometimes **6.** are always
7. sometimes go **8.** are often
9. rarely cook **10.** never tells

DAY 19 Review Test

본책 p.94~95

1. ③ **2.** ④ **3.** ③ **4.** ② **5.** ②
6. ① **7.** ④ **8.** ① **9.** ② **10.** ②
11. ③ **12.** usually **13.** never **14.** often
15. sometimes makes
16. can always borrow **17.** ② **18.** ④

해석 & 해설

1. ③ good은 '좋은'이라는 뜻의 형용사이다.

① 정말 ② 꽤 ③ 좋은 ④ 매우

2. ④의 smart(똑똑한)는 명사 cat을 꾸며주는 형용사이다. 나머지는 부사이다.

① 그는 병을 조심히 나른다.

② 그 의사는 매우 친절하다.

③ 그 수프는 너무 짜다.

④ Leo는 똑똑한 고양이다.

3. ③ '자음+y'로 끝나는 형용사는 y를 i로 바꾸고 -ly를 붙여서 부사를 만든다. 따라서 busy는 busily가 되어야 한다.

① 슬픈 – 슬프게 ② 높은 – 높이

③ 바쁜 – 바쁘게 ④ 이른 – 이르게, 일찍

4. ② nice를 부사로 만들 때는 대부분의 부사를 만드는 규칙에 따라 -ly를 붙인다. 따라서 nice는 nicely가 되어야 한다.
　① 좋은 – 잘　　　　　② 멋진 – 멋지게
　③ 무거운 – 무겁게, 심하게　④ 빠른 – 빠르게, 빨리

5. ② 첫 번째 빈칸에는 '늦게'라는 뜻의 부사가 들어가고, 두 번째 빈칸에는 '늦은'이라는 뜻의 형용사가 들어가는 것이 알맞다. 따라서 late가 빈칸에 알맞다.
　해석 ・너는 주말에 늦게 일어나니?
　・Victoria는 결코 학교에 늦지 않는다.

6. ① 첫 번째 빈칸에는 '높이'라는 뜻의 부사 high가 알맞다. 두 번째 빈칸에는 '잘'이라는 뜻의 부사 well이 알맞다.
　해석 ・어린 새들은 높이 날 수 없다.
　・나는 보통 밤에 잘 잔다.

7. ④ Steve는 정말 정직하다고 했으므로, '결코 거짓말을 하지 않는다'라는 뜻이 되도록 never가 들어가야 한다.
　해석 Steve는 정말 정직하다. 그는 결코 거짓말을 하지 않는다.

8. ① 그 소년은 게으르다고 했으므로, '학교에 거의 일찍 가지 않는다'라는 뜻이 되는 hardly, rarely, seldom은 알맞지만, '학교에 보통 일찍 간다'는 뜻이 되는 usually는 알맞지 않다.
　해석 그 소년은 게으르다. 그는 학교에 거의 일찍 가지 않는다.

9. ②의 fast는 주어 The song을 설명하는 형용사이다. 나머지 fast는 동사를 꾸미는 부사이다.
　① 호랑이는 빨리 달린다.
　② 그 노래는 매우 빠르다.
　③ Emma는 매우 빠르게 수영한다.
　④ 나의 아빠는 너무 빠르게 드신다.

10. ② 매일(every day) 일기를 쓴다고 했으므로 always(항상)가 들어간 ②가 알맞다.
　해석 Eva는 매일 일기를 쓴다.
　① Eva는 자주 일기를 쓴다.
　② Eva는 항상 일기를 쓴다.
　③ Eva는 보통 일기를 쓴다.
　④ Eva는 결코 일기를 쓰지 않는다.

11. ③ 첫 번째 문장이 'Joyce는 훌륭한 댄서이다.'라는 뜻이다. 따라서 빈칸에 well을 넣어서 'Joyce는 춤을 잘 춘다.'라고 바꿔 쓸 수 있다.
　해석 Joyce는 훌륭한 댄서이다.
　→ Joyce는 춤을 잘 춘다.

12. '보통'이라고 했으므로 usually가 알맞다.

13. '결코 ~않다'라고 했으므로 never가 알맞다.

14. '자주'라고 했으므로 often이 알맞다.

15. 주어 Annie는 3인칭 단수이므로 동사를 makes로 고쳐 써야 한다. makes가 일반동사이므로 sometimes를 makes의 앞에 쓰는 것이 알맞다.
　해석 Annie는 가끔 샌드위치를 만든다.

16. always를 조동사 can 뒤에 쓰는 것이 알맞다.
　해석 너는 이 책들을 항상 빌릴 수 있다.

17. ② 부사가 형용사를 꾸며줄 때는 형용사 앞에 온다. 따라서 good pretty가 아니라, pretty good이 되어야 한다.
　① Jenny는 콜라를 자주 마신다.
　② 그녀의 노래는 꽤 좋다.
　③ 이 바지는 정말 멋져 보인다.
　④ Tony는 이번 주에 거의 바쁘지 않다.
　⑤ 그 드레스는 너무 짧아 보인다.

18. ④ 부사 never는 조동사 can 뒤에 오는 것이 알맞다.
　① 5월에는 비가 거의 오지 않는다.
　② 모든 아기가 크게 운다.
　③ 왜 그렇게 일찍 떠나니?
　④ 그들은 결코 그 방에 들어갈 수 없다.
　⑤ 그 사람들은 서로 거의 알지 못한다.

CHAPTER 7 현재진행형　본책 p.98~108

DAY 20

1. 현재진행형 Quiz

1. am doing　　2. is playing　　3. are eating
4. is drawing　　5. are flying　　6. is making

2. -ing 만드는 법 Quiz

1. ③ (dance → dancing)
2. ② (die → dying)
3. ② (set → setting)

＊ Build up

A
1. is sleeping　　2. is brushing　　3. likes
4. is making　　5. is taking　　6. have

B
1. is cleaning　　2. is raining　　3. are watching
4. are carrying　　5. is fixing　　6. are studying

C
1. is cutting　　2. are running
3. is making　　4. is lying

해석
1. 소녀는 종이를 좀 자르고 있다.
2. 개들은 탁자 주변을 뛰어다니고 있다.
3. 아빠는 맛있는 수프를 만들고 계신다.
4. 소년은 소파 위에 누워 있다.

D
1. is playing　　2. are swimming
3. are jumping　　4. is driving

3. 현재진행형 부정문 Quiz

1. ② (She is not wearing a black T-shirt.)

4. 현재진행형 의문문 Quiz

1. ① (Is the boat arriving now?)

✳ **Build up**

A

1. is not playing　　**2.** am not using

3. is not buying　　**4.** are not sleeping

5. is not cutting　　**6.** We are not wearing

B

1. Are Robert and his son talking

2. Is her brother shopping

3. Are many people lying

4. Am I writing

5. Are your parents enjoying

6. Are the girls practicing

C

1. he isn't 또는 he's not　　**2.** they are

3. No, I'm not

D

1. am not reading　　**2.** is not pushing

3. Are they drawing　　**4.** is not printing

DAY 22　Review Test　본책 p.106~107

1. ④　　**2.** ②　　**3.** ④　　**4.** Are you making

5. ②　　**6.** ③　　**7.** ④　　**8.** ②　　**9.** ①

10. I am　　**11.** isn't　　**12.** isn't going

13. Are they fixing　　**14.** they are

15. she isn't 또는 she's not

16. My son is not[isn't] taking a yoga class.

17. Are those students tasting salt?

18. ①　　**19.** (b), (c)

해석 & 해설

1. ④ swim → swimming

2. ② tie → tying

3. ④

　해석　그 아기는 지금 바닥에 누워 있다.

4. 현재진행형 의문문이므로 be동사 Are를 주어 you 앞에 쓰고, you 뒤에 make를 making으로 바꿔 쓰면 된다.

5. ② 주어 The dog를 받는 현재진행형 is sleeping은 알맞다. ① Sally 뒤에 is가 빠졌으므로 알맞지 않다. ③ are playing이 되어야 한다. ④ are building이 되어야 한다.
　① Sally는 노래를 부르고 있다.
　② 그 개는 자고 있다.

③ 그들은 축구하고 있다.

④ 우리는 집을 짓고 있다.

6. ③ 대답이 긍정이면 'Yes, he is.', 부정이면 'No, he isn't(또는 No, he's not.)'가 되어야 한다. 따라서 ③이 알맞다.
　해석　A: Jimmy는 산책하고 있니?
　B: 응, 그래.

7. ④ Are를 주어 they 앞에 쓰고, they 뒤에는 having이 오는 것이 알맞다.
　해석　A: 그들이 지금 아침 식사를 하고 있니?
　B: 아니, 그렇지 않아.

8. ② 동사 like(좋아하다)는 현재진행형으로 쓸 수 없다.
　① 우리는 치즈를 사고 있다.
　② Lily는 아이스크림을 좋아한다.
　③ Kate는 Jack을 기다리고 있다.
　④ 그는 학교에 걸어가고 있다.

9. ① 주어 His parents가 복수이므로 isn't가 아니라 aren't가 되어야 한다.
　① 그의 부모님은 TV를 보고 있지 않다.
　② Emily가 컴퓨터를 사용하고 있니?
　③ 그들이 Hana에 관해 이야기하고 있니?
　④ 그 남자들은 생선을 팔고 있지 않다.

10. 의문문의 주어가 you이고 'Are you ~?'라고 물었으므로 대답하는 사람은 I am으로 대답해야 한다.
　해석　A: 너는 너희 엄마를 돕고 있니?
　B: 응, 그래.

11. 현재진행형 의문문에 대한 대답이 부정이면 「No, 주어(대명사)+be동사+not」이므로 she isn't로 대답해야 한다.
　해석　A: Dorothy는 자기가 가장 좋아하는 음악을 듣고 있니?
　B: 아니, 그렇지 않아.

12. 주어 Nick이 3인칭 단수이므로 is not going 또는 isn't going이 알맞다.

13. Are를 주어 they 앞에 쓰고, they 뒤에는 fix를 fixing으로 바꿔 쓴다.

14. 의문문의 주어 these puppies가 복수이므로 대답의 주어는 they를 쓴다. 대답이 Yes로 시작했으므로 긍정이 되도록 they 뒤에 are를 쓴다.
　해석　A: 이 강아지들은 엄마를 기다리고 있니?
　B: 응, 그래.

15. 의문문의 주어 Ms. Dewey는 3인칭 단수이므로 대답의 주어는 she가 된다. 대답이 No로 시작했으므로 부정이 되도록 she isn't 또는 she's not를 쓰면 된다.
　해석　A: Dewey 씨는 New Line 회사에서 근무하고 있니?
　B: 아니, 그렇지 않아.

16. 부정문이므로 is 뒤에 not을 쓴다.

17. 의문문이므로 Are를 주어 those students 앞에 쓴다.

18. ① 소유를 나타내는 동사 have는 현재진행형으로 쓸 수 없다. 따라서 문장을 고쳐 쓰면 'The guy has three

children.'이 되어야 한다. 단, have가 '먹다'라는 뜻일 때는 현재진행형으로 쓸 수 있다.
① 그 남자는 아이가 셋이다.
② 사람들 몇 명이 서핑을 즐기고 있다.
③ Claire와 그녀의 친구가 이야기를 나누고 있니?
④ 모든 사람들이 그에게 주목하고 있니?
⑤ 한 남자가 벤치에 누워 있다.

19. (b) 'No'라고 했으므로 'he is'가 아니라, 'he isn't' 또는 'he's not'이 되어야 한다. 또는 긍정이라면 'Yes, he is.'가 되어야 한다. (c) need는 현재진행형으로 쓸 수 없다.
(a) W: 차례를 기다리고 있니?
　　M: 응, 그래.
(b) W: 그가 시험을 대비하고 있니?
　　M: 아니, 그렇지 않아.
(c) W: 그것에 관해 도움이 필요하니?
　　M: 아니, 고마워.
(d) W: 네 전화가 또 울리는 거야?
　　M: 응, 그래. 미안해.

CHAPTER 8 전치사
본책 p.110~120

DAY 23

1. 전치사 (위치) Quiz

1. on　　**2.** beneath　　**3.** next to　　**4.** under
5. between

2. 전치사 (방향) Quiz

1. into　　**2.** up　　**3.** through　　**4.** out of
5. across

✳ Build up

A

1. above　　　**2.** across
3. in　　　　**4.** between, and　　**5.** on

해석
1. 파랑새 두 마리가 나무 위에서 날고 있다.
2. 오리 몇 마리가 연못을 가로질러 헤엄치고 있다.
3. 아이들이 침실에 있다.
4. Alice는 Tommy와 Betty 사이에 있다.
5. 인형 몇 개가 선반 위에 있다.

B

1. behind　　　**2.** into　　　**3.** across
4. up　　　　**5.** in front of

C

1. between, and　　**2.** across　　**3.** into
4. out of

D

1. on the rock
2. next to the art room
3. around your garden
4. down the street

DAY 24

3. 전치사(시간) Quiz

1. at　　**2.** before　　**3.** in　　**4.** in　　**5.** at
6. after　　**7.** in

4. 그 밖의 전치사 Quiz

1. about　　　**2.** for　　　**3.** by　　　**4.** with
5. with　　　**6.** about　　**7.** by

✳ Build up

A

1. at　　**2.** in　　**3.** on　　**4.** with

해석
1. Susan은 항상 6시에 일어난다.
2. 그녀는 오후에 축구 연습을 한다.
3. 그녀는 일요일에 플루트 수업을 듣는다.
4. 나는 가족들과 야구 경기를 본다.

B

1. in　　**2.** with　　**3.** about　　**4.** by
5. at　　**6.** on　　**7.** before

C

1. for　　**2.** before　　**3.** with　　**4.** about

D

1. with scissors　　**2.** on Wednesday
3. in summer　　　**4.** for Ann　　**5.** by taxi

DAY 25 Review Test
본책 p.118~119

1. ③　　**2.** ②　**3.** under　　**4.** at　　**5.** before
6. on　　**7.** in　　**8.** ②　　**9.** ②　　**10.** ④
11. ①　　**12.** in front of　　**13.** with
14. about　　**15.** into　　**16.** between, and
17. ④　　**18.** (c)

해석 & 해설
1. ③ behind는 '～ 뒤에'라는 뜻이다. 따라서 '침대 뒤에'가 되어야 한다.
2. ② for는 '～을 위한'이라는 뜻이다. 따라서 '어린이들을 위한'이 되어야 한다.
3. under가 '아래에'라는 뜻이다.
4. 특정 시각을 나타낼 때는 at을 쓴다.
5. '～전에'이므로 before가 들어가야 한다.

6. on이 공통으로 들어가야. 첫 번째는 '소파 위에'라는 뜻이 되고, 두 번째는 '화요일에'라는 뜻이 된다.

> **해석** · 나의 엄마의 휴대전화가 소파 위에 있다.
> · 나는 화요일에 첼로 강습이 있다.

7. in이 공통으로 들어가야. 첫 번째는 '박스 안에'라는 뜻이 되고, 두 번째는 '여름에'라는 뜻이 된다.

> **해석** · 그것들은 박스 안에 있지 않다.
> · 여름에는 덥다.

8. ② '정오에'는 at noon이다.
> ① 이 신발은 당신의 아들을 위한 것이다.
> ② Helen과 나는 정오에 점심식사를 한다.
> ③ 나는 식사 후에 이를 닦는다.
> ④ 나는 일요일에 교회에 간다.

9. ② '~을 타고'라는 뜻으로 교통수단을 나타낼 때 by를 써야 한다.
> ① 그녀가 건물 밖으로 나오고 있다.
> ② Chris는 택시로 출근하니?
> ③ 빛은 유리를 통과할 수 있다.
> ④ 우리는 방과 후에 축구를 한다.

10. ④ '아침에'는 at the morning이 아니라, in the morning이다. 따라서 the morning은 빈칸에 알맞지 않다.

> **해석** Judy는 가끔 밤에/8시에/오전 11시에 라디오를 듣는다.

11. ① '새벽에'는 in dawn이 아니라, at dawn이다. 따라서 dawn은 빈칸에 알맞지 않다.

> **해석** 그들은 저녁에/겨울에/10월에 수영을 즐기지 않는다.

12. 은행이 지하철역 뒤에 있다고 했으므로, 같은 상황을 나타내려면 지하철역은 은행 앞에 있다고 해야 한다. 따라서 빈칸에는 in front of(~ 앞에)가 알맞다.

> **해석** 은행이 지하철역 뒤에 있다.
> = 지하철역이 은행 앞에 있다.

13. with가 '~을 가지고, ~로'라는 뜻이다.

14. about이 '~에 관한'이라는 뜻이다.

15. '~안으로'라는 뜻의 into가 알맞다.

16. 'A와 B 사이에'를 나타낼 때 between A and B를 쓴다.

17. ④ '오후에'는 at이 아니라, in을 써서 in the afternoon이 되어야 한다.
> ① 해 뜨기 전에는 매우 어둡다.
> ② 독일에서는 봄에 따뜻하니?
> ③ 그 TV 쇼는 12월 3일에 시작한다.
> ④ 사람들은 오후에 종종 피곤함을 느낀다.
> ⑤ 나는 방과 후에 가끔 조부모님을 방문한다.

18. (c) beneath는 '~ 아래에'라는 뜻이다.

---

1. ③　**2.** mushrooms　**3.** ①　**4.** ①
5. doesn't have any paper **6.** ②　**7.** ④
8. ③, late　**9.** Kevin → Justin → Sally → Esther
10. ①　**11.** ②　**12.** ④　**13.** ②　**14.** ②
15. have　**16.** lying　**17.** ③　**18.** ①
19. they are　**20.** it isn't 또는 it's not
21. Cindy is making some cookies.
22. Linda and I are not practicing tennis together.
23. at　**24.** by　**25.** ①　**26.** ②
27. around the tree
28. before dinner
29. The bakery is across the street.
30. We go on a picnic on April twelfth.

해석 & 해설

1. ③ 부정문이면서 '~이 전혀 없는'이라는 뜻을 나타내므로 some이 아니라 any가 되어야 한다.
> ① 나는 TV 프로그램을 전혀 보지 않는다.
> ② 그들은 박스를 좀 나르고 있다.
> ③ 그는 지금 돈이 전혀 없다.
> ④ 유명한 식당을 좀 아니?

2. some 뒤에 셀 수 있는 명사가 오면 복수형으로 쓴다. 따라서 mushrooms가 알맞다.

> **해석** Jackson은 버섯이 좀 필요하다.

3. ① every는 항상 단수 명사 앞에 써야 한다. women은 복수형이므로 알맞지 않다.
> ① 이 영화는 모든 여성을 위한 것이다.
> ② 모든 학생이 운동화를 신는다.
> ③ 모든 개가 장난감을 가지고 있다.
> ④ 나는 여름마다 부산에 간다.

4. ① all을 셀 수 있는 명사와 쓸 때, 명사는 복수형을 쓴다. 따라서 all vegetable이 아니라, all vegetables가 되어야 한다.
> ① Dorothy는 모든 채소를 좋아한다.
> ② Eric은 하루 종일 그 소년과 논다.
> ③ 이 셔츠들은 모두 비싸 보인다.
> ④ 내 친구들은 모두 요가 수업을 듣는다.

5. '~이 전혀 없다'라는 뜻의 부정문이므로 any를 쓴다.

6. ② '자음+y'로 끝나는 형용사는 부사를 만들 때 y를 i로 바꾸고 -ly를 붙여야 한다. 따라서 heavly가 아니라, heavily가 되어야 한다.
> ① 행복한 – 행복하게
> ② 무거운 – 무겁게, 심하게
> ③ 멋진 – 멋지게
> ④ 슬픈 – 슬프게

7. ④ hardly는 '열심히'가 아니라, '거의 ~않다'라는 뜻이다. 부사 '열심히'는 형용사와 똑같이 hard이다.

8. ③ '늦게'라는 뜻의 부사는 late를 써야 한다. lately는 '최

근에'라는 뜻이다.

9. usually(보통, 주로) → sometimes(가끔) → rarely(거의 ~않다) → never(전혀 ~않다) 순서로 쓰면 된다.

해석 · Sally는 낮잠을 거의 자지 않는다.

· Kevin은 주로 낮잠을 잔다.

· Esther는 전혀 낮잠을 자지 않는다.

· Justin은 가끔 낮잠을 잔다.

10. ①은 '예쁜'이라는 뜻의 형용사이고, 나머지는 모두 '꽤, 매우'라는 뜻의 부사이다.

① 그녀는 예쁜 드레스를 가지고 있다.

② 그 일은 꽤 어려워 보인다.

③ 그의 새 노래는 꽤 좋다.

④ 그 박스들은 꽤 무겁다.

11. ② '단모음＋단자음'으로 끝나는 동사는 마지막 자음을 하나 더 쓰고 -ing를 붙인다. 따라서 running이 되어야 한다.

12. ④ '자음+-e'로 끝나는 동사는 e를 없애고 -ing를 붙인다. 따라서 having이 되어야 한다.

13. ② 동사 like는 현재진행형으로 쓸 수 없다.

① 비가 내리고 있다.

② 나의 자매들은 초콜릿을 좋아한다.

③ 너는 간식을 좀 먹고 있니?

④ Nick의 친구가 한 남자를 돕고 있다.

14. ② 현재진행형 부정문은 be동사 뒤에 not을 쓴다. 따라서 not is crying이 아니라, is not crying 또는 isn't crying이 되어야 한다.

① 그는 축구를 하고 있지 않다.

② 그 여자 배우는 울고 있지 않다.

③ 저 기계는 작동하고 있지 않다.

④ 그들은 함께 이야기하고 있지 않다.

15. have가 '가지다'라는 뜻일 때는 현재진행형으로 쓸 수 없다. 따라서 have로 고쳐 써야 한다.

16. 앞의 is와 함께 현재진행형이 되도록 lying으로 고쳐 써야 한다.

17. ③ 현재진행형 의문문은 be동사가 주어 앞으로 온다. 따라서 Do가 아니라 Are가 되어야 한다.

① 너는 숙제하고 있니?

② 내 휴대전화가 지금 울리고 있니?

③ 그들이 자기 차를 청소하고 있니?

④ 우리는 열심히 노력하고 있지 않다.

18. ① '요일' 앞에는 on을 쓴다. 따라서 in Thursday는 알맞지 않으며, on Thursday가 되어야 한다.

① 나는 목요일에 내 방을 청소한다.

② Brian은 밤에 물을 마시지 않는다.

③ 우리는 크리스마스 날에 파티를 한다.

④ 그것은 병과 꽃병 사이에 있다.

19. 현재진행형 의문문에 대답할 때, 긍정이면 「Yes, 주어(대명사) + be동사」로 대답해야 한다. 주어 your sisters는 복수이므로 대명사 they를 써서 'Yes, they are.'로 대답하는 것이 알맞다.

해석 A: 너의 자매들은 저녁식사를 하고 있니?

B: 응, 그래.

20. 대답이 No로 시작하고 있으므로, 의문문의 주어와 같은 it을 주어로 쓰고, 뒤에는 isn't를 써서 'it isn't'라고 쓰거나 it's not을 쓴다.

해석 A: 밖에 비가 오고 있니?

B: 그렇지 않아.

21. 현재진행형은 「am/are/is＋동사원형+-ing」 형태로 쓴다. 주어인 Cindy는 3인칭 단수이므로 be동사는 is를 쓰고, make를 making으로 바꾸어 문장을 다시 쓴다.

해석 Cindy는 쿠키를 좀 만든다. → Cindy는 쿠키를 좀 만들고 있다.

22. 현재진행형 부정문은 「주어＋am/are/is＋not＋동사원형+-ing」 형태로 쓴다. 주어인 Linda and I는 복수이므로 be동사는 are를 쓰고 not을 뒤에 쓴 후, practice를 practicing으로 바꾸어 문장을 다시 쓴다.

해석 Linda와 나는 함께 테니스 연습을 한다. → Linda와 나는 함께 테니스 연습을 하고 있지 않다.

23. 특정 시각을 나타낼 때는 전치사 at을 쓴다.

해석 Judy는 아침에 6시 40분에 일어난다.

24. 이용하는 교통수단을 나타낼 때는 전치사 by를 쓴다.

해석 너와 너의 형은 버스로 학교에 가니?

25. ① '~의 앞에'라는 뜻의 전치사는 in front of를 쓴다.

① 그는 은행 앞에 서 있다.

② 그는 은행 뒤에 서 있다.

③ 그는 은행 옆에 서 있다.

④ 그는 은행 주위에 서 있다.

26. ② under는 '~ 아래에'라는 뜻이다.

27. '~ 주위에'라는 뜻의 around를 써서 '그 나무 주위에서'를 뜻하도록 around the tree를 쓴다.

28. '~ 전에'라는 뜻의 before를 써서 '저녁 식사 전에'를 뜻하도록 before dinner를 쓴다.

29. along은 '~을 따라서'라는 뜻이므로 '~ 건너편에'라는 뜻의 전치사 across로 고쳐 문장을 다시 쓴다.

30. April twelfth(4월 12일)는 날짜이므로 in을 on으로 고쳐 문장을 다시 쓴다.

Overall Test 1~3회

DAY 27 **Overall Test 1회** 본책 p.126~127

1. ③ **2.** ① **3.** ③ **4.** ②

5. Sue's brother doesn't like noodles.

6. Does your father wash his car on Sunday?

7. ① **8.** twelfth **9.** October second

10. a long neck **11.** ④ **12.** ② **13.** ②

14. rises every morning **15.** never

16. ④ **17.** he is not **18.** ① **19.** ①

20. above the roof

16 초등영문법 Level 2

1. ③ 3인칭 단수 주어인 She가 들어가려면 동사가 watches가 되어야 하는데, watch가 있으므로 She는 알맞지 않다.

2. ① fly의 3인칭 단수 현재형은 flys가 아니라 flies이다.
   ① 연이 높이 난다.
   ② Brian이 자기 컴퓨터를 고친다.
   ③ Matt는 자주 설거지를 한다.
   ④ 나의 어머니는 나에게 매일 아침 입을 맞추신다.

3. ③ 주어 They는 복수이고, 일반 동사의 부정문이므로 don't가 알맞다.
   해석 그들은 여기 근처에 살지 않는다.

4. ② 앞에 be동사 are가 있으므로 뒤에 feeding이 와야 알맞은 현재진행형이 된다.
   해석 그 아이들은 공원에서 토끼에게 먹이를 주고 있다.

5. 주어 Sue's brother는 3인칭 단수이고, 일반동사의 부정문이므로 'Sue's brother doesn't like noodles.'라고 바꿔 쓴다.
   해석 Sue의 오빠는 면을 좋아한다. → Sue의 오빠는 면을 좋아하지 않는다.

6. 주어 Your father는 3인칭 단수이고, 일반동사의 의문문이므로 「Does + 주어 + 동사원형 ~?」이 되어야 한다. 따라서 'Does your father wash his car on Sunday?'라고 바꿔 쓴다.
   해석 너희 아버지는 일요일에 세차하신다. → 너희 아버지는 일요일에 세차하시니?

7. ① flour(밀가루)는 셀 수 없는 명사이므로 a few와 쓸 수 없다.
   해석 나는 지금 밀가루가 많이 필요하다.

8. 12의 서수는 twelfth이다.

9. 10월은 October이고, 날짜는 서수로 나타내므로 2의 서수인 second가 알맞다.

10. 네모 안의 문장에서는 형용사 long이 주어 A giraffe's neck을 설명한다. 이것을 동사 has가 있는 문장으로 바꿔 써야 하므로 '기린이 긴 목을 가지고 있다'라는 뜻이 되도록 a long neck을 쓴다.
    해석 기린의 목은 길다. → 기린은 긴 목을 가지고 있다.

11. ④ 형용사와 소유격을 같이 쓸 때는 「소유격 + 형용사 + 명사」 순서로 쓴다. 따라서 her green hat이 되어야 한다.
    ① Jack은 오래된 벽을 색칠한다.
    ② 그녀는 저 파란 셔츠를 산다.
    ③ Dean은 매우 멋진 남자다.
    ④ Kelly는 자기의 초록색 모자를 무척 좋아한다.

12. ② every 뒤에는 단수 명사가 오므로 every months가 아니라, every month가 되어야 한다.
    ① 모든 학생이 교복을 입는다.
    ② 너는 거기에 매달 가니?
    ③ 그는 하루 종일 책을 읽는다.
    ④ 모든 빵이 맛있다.

13. ②는 부정문이므로 some이 들어갈 수 없다.
    ① 나는 돈을 좀 가지고 있다.
    ② 나는 시간이 전혀 없다.
    ③ 차를 좀 드시겠어요?
    ④ 너는 간식을 좀 원하니?

14. '(해가) 뜬다'라는 뜻의 동사 rise를 사용해야 하는데, 주어 The sun이 3인칭 단수이므로 rises를 쓴다. 매일 아침은 every morning을 쓴다. every는 단수 명사와 함께 쓰므로 mornings라고 쓰지 않도록 주의한다.

15. '결코 ~ 않다'라는 뜻의 부사 never를 쓰면 된다.

16. ④ 동사 sings를 꾸며야 하므로, 형용사 happy가 아니라 부사 happily가 되어야 한다.
    ① 저 꽃들은 정말 아름답다.
    ② Pamela는 집에 늦게 도착한다.
    ③ Patrick과 Jimmy는 열심히 노력한다.
    ④ 그 소녀는 행복하게 노래한다.

17. 현재진행형 의문문에 대해 대답이 No로 시작했으므로, 뒤에는 「주어(대명사)+be동사+not」이 온다. 주어 Henry's brother를 he로 받아서, he is not을 쓰면 된다.
    해석 A: Henry의 형이 회색 재킷을 입고 있니?
    B: 아니, 그렇지 않아.

18. ① '밤에'는 at night이다. 나머지는 모두 in이 들어간다.
    ① 그 아기는 밤에 운다.
    ② 겨울에는 눈이 온다.
    ③ 1월에는 날씨가 매우 춥다.
    ④ 나는 저녁에 책을 읽는다.

19. ① 첫 번째 문장에는 across가 들어가서 '농장을 가로질러'라는 뜻이 되면 알맞다. 두 번째 문장에는 in이 들어가서 '강에서'라는 뜻이 되면 알맞다.
    해석 • 소 몇 마리가 농장을 가로질러 달리고 있다.
    • 오리들이 강에서 수영하고 있다.

20. 지붕과 떨어진 '위'를 뜻하므로 above the roof를 쓰면 알맞다.

DAY 28 **Overall Test 2회** 본책 p.129~130

1. ①   2. ③   3. ③
4. She stays at the hotel.
5. Sam doesn't work on Saturday.
6. ③   7. a few   8. ①   9. ③   10. ②
11. any   12. Tony and Mark are buying some mushrooms.   13. every week
14. It rains heavily in summer.   15. ③
16. they're not 또는 they aren't   17. ④
18. ③   19. ④   20. between, and

1. ① 일반동사 의문문에 대한 대답이 긍정이면 「Yes, 주어(대명사) + do/does」이므로 'Yes, she does.'가 알맞다. John's sister이므로 주어는 she로 받았다.
   해석 A: 그의 누나가 중국어를 배우니?
   B: 응, 그래.

2. ③ 주어 the children은 복수이므로 Does가 아니라 Do가 되어야 한다.
　　① 그들은 학교에 걸어가니?
　　② 그녀의 친구들은 영화를 좋아하니?
　　③ 그 아이들은 감자를 먹니?
　　④ Mike의 형제들은 그 컴퓨터를 사용하니?

3. ③ 일반동사 부정문일 때 don't / doesn't 뒤에는 동사원형이 온다. 따라서 doesn't knows가 아니라 doesn't know가 되어야 한다.
　　① Jake의 부모님은 고기를 드시지 않는다.
　　② 내 친구는 벌레를 싫어하지 않는다.
　　③ 선생님은 그를 모르신다.
　　④ 저 여자들은 해산물을 좋아하지 않는다.

4. She는 3인칭 단수이므로 동사 stay를 stays로 바꿔 쓴다.
　해석　그들은 그 호텔에 머문다.
　　→ 그녀는 그 호텔에 머문다.

5. 일반동사 works가 들어간 문장을 부정문으로 바꾸면 doesn't work가 된다.
　해석　Sam은 토요일에 일한다.
　　→ Sam은 토요일에 일하지 않는다.

6. ③ 외에는 서로 반대의 뜻을 가진 형용사이다.
　　① 밝은 – 어두운　　② 깨끗한 – 더러운
　　③ 따뜻한 – 뜨거운　　④ 마른 – 젖은

7. 뒤에 셀 수 있는 명사의 복수형 toys가 있으므로 a few가 알맞다.
　해석　Emily와 그녀의 언니는 약간의 장난감이 있다.

8. ① a little(약간의)은 셀 수 없는 명사와 쓴다. 따라서 salt가 알맞다.
　해석　그는 소금이 약간 필요하다.
　　① 소금　② 오렌지　③ 병　④ 박스

9. ③ 날짜는 서수로 써야 한다. 따라서 fifteen이 아니라, fifteenth가 되어야 한다.
　　① 그는 매일 토마토 세 개를 먹는다.
　　② 여덟 번째 질문은 매우 어렵다.
　　③ Alice의 생일은 7월 15일이다.
　　④ 나는 나의 개 두 마리와 함께 산책한다.

10. ② 연도는 두 자리씩 끊어 읽는다.
　　① six thousand, ninety-nine
　　③ February twelfth　④ eighty-seven dollars

11. 부정문이면서 '전혀 ~없는/않은'이라는 뜻이므로 any가 알맞다.

12. 현재진행형은 「be동사+동사원형+-ing」로 쓴다. 주어 Tony and Mark는 복수이므로 are buying을 쓰면 된다.
　해석　Tony와 Mark는 버섯을 좀 산다.
　　→ Tony와 Mark는 버섯을 좀 사고 있다.

13. 매주는 every week으로 쓴다. every는 단수 명사와 함께 쓰므로 weeks라고 쓰지 않도록 유의한다.

14. 동사 rains를 수식해야 하므로 형용사 heavy를 부사 heavily로 바꿔 써야 한다.

15. ③ usually는 '주로, 대체로'라는 뜻이다. rarely, hardly, seldom은 '거의 ~않다'라는 뜻이다.

16. 대답이 No로 시작했고, 주어 the kids를 복수 대명사로 받아야 하므로, they're not 또는 they aren't가 알맞다.
　해석　A: 그 아이들이 테니스를 치고 있니?
　　B: 아니, 그렇지 않아.

17. ④ have를 '가지다'라는 의미로 쓸 때는 현재진행형이 불가능하다. 따라서 'Max is having many shoes.'는 알맞지 않으며, 'Max has many shoes.'가 되어야 한다.
　　① 그들은 새 한 마리를 보고 있다.
　　② Tom은 샤워하고 있다.
　　③ 우리는 수영장에서 수영하고 있다.
　　④ Max는 신발을 많이 가지고 있다.

18. ③ 교통수단은 by와 함께 쓰므로 ③에는 for가 들어갈 수 없다.
　　① 나의 엄마는 나를 위해 빵을 좀 구우신다.
　　② Sally는 그녀의 아들을 위해 장난감을 좀 산다.
　　③ 우리는 지하철로 도서관에 간다.
　　④ Amy는 자기 개를 위해 작은 집을 만든다.

19. ④ June fourteenth는 날짜이므로 on을 쓴다. 나머지는 모두 in이 들어간다.
　　① 나의 가족은 서울에 산다.
　　② 나는 아침에 커피를 마신다.
　　③ 그는 5월에 캠핑을 즐긴다.
　　④ 우리는 6월 14일에 소풍을 간다.

20. 'A와 B 사이에'는 between A and B이다.

DAY 29　Overall Test 3회　본책 p.132~133

1. with　**2.** before sunset　**3.** ④　**4.** ③
5. ①　**6.** He is not doing the dishes.
7. ④　**8.** ②　**9.** hard　**10.** ③　**11.** ④
12. 2004. 9. 30　**13.** 571　**14.** ①
15. his nice yachts　**16.** ①　**17.** ③
18. ①
19. He has a lot of cookies in the box.
20. ③

해석 & 해설

1. '이 연필로'라는 뜻이 되어야 한다. 따라서 with가 알맞다.
　해석　이 연필로 당신의 이름을 적어주세요.

2. '~ 전에'를 뜻하는 전치사 before를 써서 before sunset을 쓰면 된다.

3. ④ 연도 앞에는 in을 쓴다. 따라서 in 2025가 되어야 한다.
　　① 학교는 4시 정각에 끝난다.
　　② 나는 겨울에 아이스크림 먹기를 좋아한다.
　　③ 사람들은 자정에 밖에 나가지 않는다.
　　④ 그녀는 2025년에 멕시코에 간다.

4. ③ 동사 need는 현재진행형으로 쓸 수 없다. 따라서 'She needs a new notebook.'이 되어야 한다.
① 그의 딸은 자전거를 타고 있다.
② 토끼 한 마리가 언덕 위로 달리고 있다.
③ 그녀는 새 공책이 필요하다.
④ Brian과 Jenny는 열심히 일하고 있다.

5. ① 대답에 are가 있으므로 질문은 Are로 시작해야 하며, 현재진행형 의문문은 「Be동사+주어+동사원형+-ing ~?」로 쓴다. 따라서 Are과 waiting이 빈칸에 알맞다.
해석 A: 너의 부모님이 너를 기다리고 계시니?
B: 응, 그래.

6. 현재진행형 부정문은 be동사 뒤에 not을 쓴다. 주어 He가 3인칭 단수이므로 is를 쓰고, 뒤에 not을 쓴 후, does를 doing으로 바꿔 쓴다.
해석 그는 설거지를 한다.
→ 그는 설거지를 하고 있지 않다.

7. ④ '자음 + -y'로 끝나는 형용사는 y를 i로 바꾸고 -ly를 붙여야 하므로 형용사 easy를 부사로 바꾸면 easily가 되어야 한다.
① 조용한 – 조용하게　　② 좋은 – 잘
③ 시끄러운 – 시끄럽게　④ 쉬운 – 쉽게

8. ② 주어의 상태를 설명하려면 형용사를 써야 한다. 따라서 My friend를 설명하도록 형용사 busy가 되어야 한다.
① Clara는 매우 빨리 달린다.
② 내 친구는 항상 바쁘다.
③ 그 꽃병을 조심히 내려놓아라.
④ 너는 오늘 집에 늦게 오니?

9. '열심히'를 뜻하는 부사 hard를 쓴다. hardly(거의 ~않다)를 쓰지 않도록 한다.

10. ③ 첫 번째 문장은 셀 수 있는 명사의 복수형 birds가 있으므로 All이 알맞다. 두 번째 문장은 '일년 내내'라는 뜻이므로 all이 알맞다. 따라서 공통으로 들어갈 말은 All[all]이다.
해석 ・모든 새들은 날개를 가지고 있다.
・우리는 기타를 일년 내내 연습한다.

11. ④ 스무 번째는 twentieth로 써야 한다. twelfth는 '열두 번째'이다.

12. 2004년 9월 30일을 나타내고 있다.

13. 571달러를 나타내고 있다.

14. ① money는 셀 수 없는 명사이므로 few와 함께 쓸 수 없다. '거의 없는'을 뜻하려면 little이 되어야 한다.
① 나는 돈이 거의 없다.
② 우리는 버터가 많이 필요하다.
③ 그는 책을 많이 읽는다.
④ 많은 아이들이 수영하고 있다.

15. 소유격과 형용사를 함께 쓸 때는 소유격을 먼저 쓴다. 따라서 his nice yachts가 된다.

16. ① cry의 3인칭 단수 현재형은 cries이다.
① 울다　　　　　② 말하다
③ 고치다　　　　④ 가지다, 먹다

17. ③ 동사가 sits이므로 주어는 3인칭 단수만 올 수 있다. 따

라서 복수인 Our kids는 들어갈 수 없다.
해석 나의 이모는/그 고양이는/Peter는 항상 소파에 앉는다.

18. ① 일반동사 부정문일 때 don't/doesn't 뒤에는 동사 원형이 와야 한다. 따라서 doesn't needs가 아니라 doesn't need가 되어야 한다.
① Helen은 사다리가 필요하지 않다.
② 그 바구니들에는 손잡이가 없다.
③ Cox 씨는 내 이름을 알지 못한다.
④ Joe와 나는 슬픈 영화를 보지 않는다.

19. 주어를 3인칭 단수 He로 바꾸면 동사 have를 3인칭 단수형 has로 바꿔 써야 한다. 따라서 'He has a lot of cookies in the box.'가 된다.
해석 우리는 박스에 쿠키를 많이 가지고 있다.
→ 그는 박스에 쿠키를 많이 가지고 있다.

20. ③ 일반동사 의문문에 대한 대답은 긍정일 때 「Yes, 주어(대명사) + do/does」이고, 부정일 때 「No, 주어(대명사) + don't/doesn't」이다. 따라서 'Yes, they do.'가 알맞다. 의문문의 주어 your sons가 복수이므로 they로 받는다.
해석 A: 당신의 아들들은 쇼핑을 즐기나요?
B: 네, 그래요.

Workbook 정답 및 해설

CHAPTER 1 일반동사(1)

DAY 01 일반동사 / 일반동사의 현재시제

Step 1

1. know **2.** runs **3.** comes **4.** writes
5. wear **6.** shine **7.** clean **8.** gets up
9. buys **10.** speak

Step 2

1. I **2.** They, You **3.** My cat, It
4. They **5.** He, Ms. Kim

해석

1. 나는 물을 마신다.
2. 그들은/너는[너희들은] 장갑을 낀다.
3. 나의 고양이는/그것은 새를 본다.
4. 그들은 행복하다고 느낀다.
5. 그는/Kim 씨는 공원에서 Mina를 만난다.

Step 3

1. plays. 그는 기타를 연주한다.
2. stay. 우리는 밤에 집에 머무른다.
3. reads. 나의 형[오빠, 남동생]은 그 이야기를 읽는다.
4. see. 그 소녀들은 공원에서 벤치를 본다.

Step 4

1. learn **2.** buys **3.** cleans **4.** walk
5. swims **6.** draws **7.** makes **8.** cuts
9. visit

해석

1. 나는 월요일에 일본어를 배운다.
2. Paul은 월요일에 새 가방을 산다.
3. Lucy는 화요일에 자기 방을 청소한다.
4. 나는 수요일에 공원에서 걷는다.
5. Lucy는 수요일에 수영장에서 수영한다.
6. Paul은 목요일에 그림을 그린다.
7. Lucy는 금요일에 치즈케이크를 만든다.
8. Paul은 토요일에 잔디를 자른다.
9. 나는 일요일에 박물관을 방문한다.

✏️ 듣고 받아쓰기
1. My father <u>comes</u> home at 8:00.
2. The kids <u>clean</u> their rooms everyday.
3. The man <u>buys</u> vegetables at the market.
4. They <u>speak</u> English very well.

5. I <u>drink</u> water.
6. My cat <u>sees</u> a <u>bird</u>.
7. My brother <u>reads</u> the story.
8. Paul <u>draws</u> a <u>picture</u> on Thursday.
9. Lucy <u>makes</u> cheese cake on Friday.
10. I <u>visit</u> the museum on Sunday.

DAY 02 주어와 일반동사(1) / 주어와 일반동사(2)

Step 1

1. catches **2.** tries **3.** open **4.** stand
5. pushes

Step 2

1. kisses **2.** has **3.** teaches **4.** play
5. finishes **6.** cooks

해석

1. 나의 고양이는 아침에 항상 나에게 입을 맞춘다.
2. Amy는 오래된 바이올린을 가지고 있다.
3. 그의 할머니는 학교에서 영어를 가르치신다.
4. 그 소년들은 잔디에서 축구한다.
5. 그는 보통 정시에 일을 끝낸다.
6. 당신의 딸은 요리를 잘하는군요.

Step 3

1. ○ **2.** × → has **3.** × → talks
4. × → cries **5.** ○ **6.** ○ **7.** × → enjoys
8. × → looks

Step 4

1. get **2.** has **3.** go **4.** listens **5.** goes
6. have **7.** go **8.** comes **9.** plays **10.** has

해석

1. 나는 오전 7시에 일어난다.
2. Jake는 오전 7시에 아침 식사를 한다.
3. 나는 버스로 학교에 간다.
4. Jake는 저녁 식사 전에 음악을 듣는다.
5. Jake는 오후 9시 5분에 잠자리에 든다.
6. 나는 오전 7시에 아침 식사를 한다.
7. 나는 지하철로 학교에 간다.
8. Sally는 오후 2시 30분에 집에 온다.
9. Sally는 저녁 식사 전에 테니스를 친다.
10. Sally는 오후 6시 10분에 저녁 식사를 한다.

1. Brian <u>catches</u> the ball.
2. Her parents <u>stand</u> near the lake.
3. Amy <u>has</u> an old violin.
4. Your daughter <u>cooks</u> <u>well</u>.
5. An airplane <u>flies</u> in the sky.
6. Mr. Smith <u>talks</u> very fast.
7. Rachel <u>enjoys</u> dance music.
8. I <u>go</u> <u>to</u> <u>school</u> by bus.
9. Jake <u>listens</u> <u>to</u> music before dinner.
10. Sally <u>plays</u> tennis before dinner.

CHAPTER 2 일반동사(2)

DAY 04 일반동사 부정문 (1) / 일반동사 부정문 (2)

Step 1

1. 살지 않는다　2. 필요하지 않다　3. 울지 않는다
4. 수영하지 않는다　5. 뜨지 않는다　6. 고치지 않는다
7. 설거지를 하지 않는다　8. 방문하지 않는다
9. 걸어가지 않는다　10. 머무르지 않는다

Step 2

1. Caroline doesn't eat hamburgers.
2. The kids don't get up early in the morning.
3. She doesn't drink coffee after dinner.
4. Nick doesn't clean his computer room today.
5. We don't listen to the radio before lunch.
6. The bus doesn't run fast at night.
7. The students don't go to the library after school.
8. Charlie doesn't have an English class tomorrow.
9. The shop doesn't close before 8:00 p.m.
10. My brother doesn't stay at this hotel.

Step 3

1. don't　2. likes, doesn't　3. doesn't like
4. like　5. likes, doesn't like　6. likes, like
7. I, like　8. doesn't like　9. likes, doesn't

해석

1. 나는 바나나를 좋아한다. 나는 오렌지를 좋아하지 않는다.
2. Alice는 축구를 좋아한다. 그녀는 테니스를 좋아하지 않는다.
3. Jason은 감자를 좋아한다. 그는 버섯을 좋아하지 않는다.
4. 나는 야구를 좋아한다. 나는 골프를 좋아하지 않는다.
5. Alice는 포도를 좋아한다. 그녀는 레몬을 좋아하지 않는다.
6. Jason은 농구를 좋아한다. 그는 배드민턴을 좋아하지 않는다.
7. 나는 토마토를 좋아한다. 나는 양파를 좋아하지 않는다.
8. Alice는 당근을 좋아한다. 그녀는 오이를 좋아하지 않는다.
9. Jason은 딸기를 좋아한다. 그는 사과를 좋아하지 않는다.

1. I <u>don't</u> <u>need</u> a knife.
2. The sun <u>doesn't</u> rise in the west.
3. These boys <u>don't</u> <u>fix</u> their computer.
4. Mr. Cruise <u>doesn't</u> <u>stay</u> here.
5. The kids <u>don't</u> <u>get</u> up early in the morning.
6. The bus <u>doesn't</u> <u>run</u> fast at night.
7. The students <u>go</u> to the library after school.
8. The shop <u>doesn't</u> <u>close</u> before 8:00 p.m.
9. Alice <u>likes</u> soccer. She doesn't like tennis.
10. Jason <u>likes</u> <u>basketball</u>. He doesn't like badminton.

DAY 05 일반동사 의문문 / 일반동사 의문문에 대답하기

Step 1

1. they do　2. she doesn't　3. we do
4. he doesn't　5. it does　6. I do
7. he doesn't　8. they don't

해석

1. A: 너의 자매들은 방과 후에 중국어를 공부하니?
   B: 응, 그래.
2. A: 지민이의 어머니는 지금 서울에 사시니?
   B: 아니, 그렇지 않으셔.
3. A: 우리가 가방에 음식을 좀 가지고 있니?
   B: 응, 그래.
4. A: 그 남자가 그 식당에 가니?
   B: 아니, 그렇지 않아.
5. A: 그 농구 경기가 6시 30분에 시작하니?
   B: 응, 그래.
6. A: 너는 가끔 안경을 쓰니?
   B: 응, 그래.
7. A: Brown 씨가 내 전화번호를 아니?
   B: 아니, 그렇지 않아.
8. A: 그들의 딸들이 새 장갑을 필요로 하니?
   B: 아니, 그렇지 않아.

Step 2

1. Does Jennifer have　2. Do the girls carry
3. Do you need　4. Does Ben cook
5. Do they go　6. Do his parents work
7. Does that woman buy　8. Does she swim
9. Do you wear　10. Does Andy's son walk

Step 3

1. Does, No, doesn't　2. have, Yes
3. Does, live, No　4. Does, go, Yes

5. Does, No, doesn't   **6.** like, Yes, does

7. like, No   **8.** Does, play, Yes

해석

1. A: Karen은 뉴욕에 사니?

    B: 아니, 그렇지 않아.

2. A: David는 여자 형제가 있니?

    B: 응, 그래.

3. A: Lucas는 파리에 사니?

    B: 아니, 그렇지 않아.

4. A: Karen은 버스로 학교에 가니?

    B: 응, 그래.

5. A: Karen은 드럼을 연주하니?

    B: 아니, 그렇지 않아.

6. A: Lucas는 흰색을 좋아하니?

    B: 응, 그래.

7. A: David는 쿠키를 좋아하니?

    B: 아니, 그렇지 않아.

8. A: David는 기타를 연주하니?

    B: 응, 그래.

✏️듣고 받아쓰기

1. Do we have some food in the bag?

2. Does the basketball game start at 6:30?

3. Do you wear glasses sometimes?

4. Does Mr. Brown know your phone number?

5. Do their daughters need new gloves?

6. Do the girls carry boxes?

7. Do they go on a picnic soon?

8. Does she swim in the swimming pool?

9. Does Andy's son walk to school?

10. Does Karen play the drums?

CHAPTER 3 형용사

DAY 07 형용사란 / 수량을 나타내는 형용사

Step 1

1. short   **2.** easy   **3.** beautiful   **4.** honest

5. warm   **6.** three   **7.** small   **8.** many yellow

9. wrong   **10.** lots of

Step 2

1. three nice   **2.** a few notebooks

3. little work   **4.** brown glasses

5. lots of bread   **6.** six women

7. much ice cream   **8.** many cities

9. many flowers   **10.** red tomatoes

Step 3

1. a little   **2.** a lot of   **3.** few   **4.** lots of

5. a few   **6.** a lot of   **7.** little   **8.** a little

9. lots of   **10.** a little   **11.** few   **12.** a few

✏️듣고 받아쓰기

1. Hamsters have short legs.

2. This is an easy book for little kids.

3. Frank is an honest man.

4. Please choose three colors for your new room.

5. My uncle has many yellow flowers in the garden.

6. The young man does little work.

7. We make lots of bread today.

8. She puts two red tomatoes on the table.

9. He has a little milk.

10. She has a few onions.

DAY 08 형용사가 명사를 꾸밀 때 / 형용사가 주어를 설명할 때

Step 1

1. × → his second car

2. × → these funny movies   **3.** ○

4. × → this expensive   **5.** ○

6. × → the right answer

7. × → those large

8. × → Your new shoes

Step 2

1. Max is smart.

2. She has a pretty dress.

3. That tree is tall.

4. Their classrooms are clean.

5. Your daughters are cute girls.

6. This sweater is warm.

7. Nancy's hair is long.

8. Seoul is a beautiful city.

9. This soup tastes salty.

10. These potatoes are fresh.

Step 3

1. honest   **2.** kind   **3.** blue shirt

4. long pants   **5.** hungry   **6.** happy

7. cute babies   **8.** sad movies

9. new   **10.** clean room

해석

1. Eric은 정직하다.

2. Ann은 매우 친절하다.

3. Eric은 파란 셔츠를 입는다.

4. Ann은 긴 바지를 입는다.

5. Eric은 지금 배고프다.

6. Ann은 지금 행복하다.

7. Eric은 귀여운 아기들을 좋아한다.

8. Ann은 슬픈 영화들을 좋아한다.

9. Eric은 새로운 나라에서 살고 싶다.

10. Ann은 깨끗한 방에서 살고 싶다.

✏️ 듣고 받아쓰기

1. This is his <u>second</u> car.
2. Look at this <u>expensive</u> coat.
3. Joe knows the <u>right</u> answer.
4. Your <u>new</u> <u>shoes</u> look nice.
5. Max is a <u>smart</u> dog.
6. Her dress is <u>pretty</u>.
7. Nancy has <u>long</u> <u>hair</u>.
8. This is <u>salty</u> soup.
9. Lily is <u>sleepy</u> now.
10. Ann likes <u>sad</u> <u>movies</u>.

CHAPTER 4 기수와 서수

DAY 10 기수 / 서수

Step 1

1. first   2. nine   3. thirteenth   4. third
5. eighth   6. fifth   7. seventh
8. fourteen   9. tenth   10. sixty-first

Step 2

1. fifteen   2. Ten   3. eight
4. twenty-third   5. fourth   6. fifty-fifth
7. sixty   8. one hundred   9. seventy-second

해석

1. 나의 언니는 열다섯 살이다.
2. 아이들 10명이 공원에 있다.
3. 그 요리사는 달걀 8개가 필요하다.
4. 내일은 그의 스물세 번째 생일이다.
5. 그 소녀들은 4학년이다.
6. 나는 할머니의 55번째 생신을 위해 선물을 산다.
7. 문 옆에 버튼 60개가 있다.
8. 99는 100과 같지 않다.
9. 너희 할머니는 72번째 생신에 무엇을 하시니?

Step 3

1. nine   2. twelve   3. sixth   4. second
5. ninth   6. third   7. thirtieth   8. twelfth
9. fourth   10. eighth

해석

1. Sora는 9살이다.
2. Joe는 12살이다.
3. Audrey는 6학년이다.
4. Nick은 2학년이다.
5. Paul의 생일은 2월 9일이다.
6. Nick의 생일은 9월 3일이다.
7. Joe의 생일은 1월 30일이다.
8. Sora는 12층에 산다.
9. Paul과 Junseo는 같은 층에 산다. 그들은 4층에 산다.
10. Audrey와 Joe는 같은 층에 산다. 그들은 8층에 산다.

✏️ 듣고 받아쓰기

1. I often listen to their <u>first</u> album.
2. We go to John's <u>thirteenth</u> birthday party.
3. Thomas is their <u>third</u> child.
4. Wendy's <u>seventh</u> movie is so sad.
5. Does he live on the <u>tenth</u> <u>floor</u>?
6. The cook needs <u>eight</u> <u>eggs</u>.
7. The girls are in the <u>fourth</u> grade.
8. Ninety nine is not the same as <u>one</u> <u>hundred</u>.
9. Paul's birthday is February <u>ninth</u>.
10. Sora lives on the <u>twelfth</u> floor.

DAY 11 숫자, 전화번호, 화폐 읽는 법 / 연도, 월, 일 읽는 법

Step 1

1. three thousand, four hundred eighty
2. January twenty-first, nineteen-ninety
3. seven hundred sixty-three dollars
4. August fourth
5. nine eight zero[oh], seven three one zero[oh]
6. two hundred fifty one
7. February third twenty eleven
8. December twenty-fifth

Step 2

1. 1,084   2. 9. 25   3. 590-2784   4. 47
5. 2010. 11. 12   6. 4,216   7. 4. 3
8. 368   9. 790   10. 711-4852

해석

1. 1,084명의 사람들이 이 건물에서 일한다.
2. Emily의 생일은 9월 25일이다.
3. 내 전화번호는 590-2784이다.
4. 이 손목시계는 47달러이다.
5. 내일은 2010년 11월 12일이다.
6. 그것은 4,216이다.
7. 그들은 4월 3일에 박물관에 간다.

8. 우리는 368달러가 있다.

9. 나는 아침에 790미터를 걷는다.

10. 너의 전화번호가 711-4852니?

Step 3

1. one thousand four hundred ninety

2. fifteen forty-two

3. two thousand eighteen[twenty eighteen]

4. October first

5. April twenty-first

6. May thirtieth, nineteen ninety-seven

7. August ninth, two thousand three

8. six nine two, zero[oh] eight six three

9. forty-seven

10. one thousand one hundred fifty four

✏️ 듣고 받아쓰기

1. three thousand, four hundred <u>eighty</u>

2. January twenty-first, <u>nineteen</u>-ninety

3. seven hundred sixty-three <u>dollars</u>

4. August <u>fourth</u>

5. two hundred <u>fifty one</u>

6. Emily's birthday is September <u>twenty</u>-fifth.

7. This watch is <u>forty-seven</u> dollars.

8. It is four thousand, two hundred <u>sixteen</u>.

9. They go to the museum on April <u>third</u>.

10. We have <u>three hundred</u> sixty-eight dollars.

CHAPTER **5** **some, any, every, all**

DAY **14** **some과 any (1) / some과 any (2)**

Step 1

1. any **2.** some **3.** Some **4.** any **5.** some
6. any **7.** some **8.** some

Step 2

1. some soup **2.** some help **3.** any milk
4. Some children **5.** any brothers
6. any butter **7.** some T-shirts
8. some sandwiches

Step 3

1. some **2.** any onions **3.** any **4.** any
5. some **6.** some **7.** any **8.** any **9.** some
10. some salt

해석

1. Karen은 쌀을 좀 산다.

2. Karen과 Eugene은 양파를 전혀 사지 않는다.

3. Max는 밀가루를 전혀 사지 않는다.

4. Eugene은 토마토를 전혀 사지 않는다.

5. Karen은 감자를 좀 산다.

6. Max는 설탕과 치즈를 좀 산다.

7. Eugene은 오이를 전혀 사지 않는다.

8. Karen은 당근이나 기름을 전혀 사지 않는다.

9. Max는 버터를 좀 산다.

10. Karen과 Eugene은 소금을 좀 산다.

✏️ 듣고 받아쓰기

1. We drink <u>some</u> green tea after lunch.

2. <u>Some people</u> don't like cucumbers.

3. Nick doesn't eat <u>any meat</u>.

4. Can I <u>get some</u> olive oil for the salad?

5. Would you like <u>some soup</u>?

6. We need <u>some help</u>.

7. The woman doesn't want <u>any butter</u>.

8. Can I have some <u>sandwiches</u>?

9. Karen and Eugene don't buy <u>any onions</u>.

10. Karen and Eugene buy <u>some salt</u>.

DAY **15** **every / all**

Step 1

1. all **2.** every **3.** All **4.** all **5.** every
6. all **7.** all **8.** Every **9.** every **10.** All

Step 2

1. aunts **2.** butterflies **3.** month
4. companies **5.** mushrooms **6.** summer
7. friends **8.** players **9.** kid
10. potatoes

Step 3

1. every month **2.** all the students
3. police officer is **4.** pigs have
5. every year **6.** student wears
7. all the gloves **8.** all day **9.** all day
10. babies sleep

✏️ 듣고 받아쓰기

1. The baby cries <u>all day</u> long.

2. <u>All cats</u> have beautiful eyes.

3. Oliver eats bread <u>every morning</u>.

4. Don't use <u>all the money</u> at the shop.

5. <u>All my aunts</u> live in Brazil.

6. My family watches a movie <u>every month</u>.

7. Do you go fishing <u>every</u> <u>summer</u>?

8. Every <u>police</u> <u>officer</u> <u>is</u> kind in this city.

9. His family visits Spain <u>every</u> <u>year</u>.

10. All the <u>babies</u> <u>sleep</u> well at night.

CHAPTER 6 부사

DAY 17 부사의 형태 / 부사의 역할과 의미

Step 1

1. too **2.** easily **3.** slowly

4. quickly **5.** well **6.** carefully

7. Luckily **8.** early **9.** honestly

10. late

Step 2

1. ✕ → busily **2.** ○ **3.** ✕ → heavily

4. ✕ → softly **5.** ✕ → well **6.** ○

7. ✕ → hard **8.** ○

Step 3

1. really **2.** very well **3.** late **4.** so fast

5. pooly **6.** pretty old **7.** too cold **8.** happily

9. heavily

✏️ 듣고 받아쓰기

1. Paul's sneakers are <u>too big</u>.

2. The woman walks <u>slowly</u> around the lake.

3. The boys dance <u>well</u>.

4. Listen <u>carefully</u> to the teacher.

5. Andrew comes home <u>so late</u>.

6. It rains <u>heavily</u> in summer.

7. This desk looks <u>too high</u> for my son.

8. The kids do <u>poorly</u> at school.

9. The black sofa looks <u>pretty old</u>.

10. Every student smiles <u>happily</u>.

DAY 18 빈도부사

Step 1

1. never **2.** rarely **3.** sometimes

4. always **5.** usually **6.** rarely

7. often **8.** sometimes

Step 2

1. 거의 먹지 않는다 **2.** 결코 가지 않는다

3. 자주 빌린다 **4.** 항상 행복해보인다

5. 자주 가니 **6.** 결코 잊을 수 없다

7. 가끔 거짓말을 한다 **8.** 자주 드시니

9. 항상 열심히 공부한다 **10.** 보통 문을 닫는다

Step 3

1. always has **2.** is never **3.** seldom takes

4. usually goes **5.** is rarely **6.** never watches

7. sometimes takes **8.** hardly goes

9. sometimes has **10.** rarely watches

11. often takes **12.** always goes

해석

1. Tommy는 항상 아침 식사를 한다.

2. Tommy는 결코 학교에 늦지 않는다.

3. Tommy는 산책을 거의 하지 않는다.

4. Tommy는 보통 일찍 잠자리에 든다.

5. Diana는 거의 학교에 늦지 않는다.

6. Diana는 결코 TV를 보지 않는다.

7. Diana는 가끔 산책을 한다.

8. Diana는 거의 일찍 잠자리에 들지 않는다.

9. Phil은 가끔 아침 식사를 한다.

10. Phil은 거의 TV를 보지 않는다.

11. Phil은 자주 산책한다.

12. Phil은 항상 일찍 잠자리에 든다.

✏️ 듣고 받아쓰기

1. He is <u>never</u> late for school.

2. Amy's room is <u>always</u> clean.

3. Ben <u>rarely</u> gets up late.

4. Frank <u>sometimes</u> rides a bike.

5. My little brother <u>seldom</u> eats peas.

6. Mr. Gray <u>often</u> borrows money from me.

7. Lots of children <u>sometimes</u> <u>tell</u> a lie.

8. Tommy <u>usually</u> <u>goes</u> to bed early.

9. Diana <u>never</u> <u>watches</u> TV.

10. Phil <u>often</u> takes a <u>walk</u>.

CHAPTER 7 현재진행형

DAY 20 현재진행형 / -ing 만드는 법

Step 1

1. ✕ → has **2.** ○ **3.** ✕ → is baking

4. ✕ → wants **5.** ✕ → is waiting

6. ✕ → are flying **7.** ○ **8.** ✕ → is eating

Step 2

1. is singing **2.** am keeping **3.** is arriving

4. are looking **5.** are talking **6.** is cutting

7. are reading　**8.** is speaking　**9.** is taking
10. is writing

1. am doing　**2.** is reading　**3.** is playing
4. am drinking　**5.** is taking　**6.** is watching
7. am taking　**8.** is eating　**9.** is having
10. am having　**11.** is watching　**12.** is doing

해석

1. 나는 숙제를 하고 있다.
2. Roy는 책을 읽고 있다.
3. Lena는 바이올린을 연주하고 있다.
4. 나는 차를 좀 마시고 있다.
5. Roy는 산책하고 있다.
6. Lena는 TV를 보고 있다.
7. 나는 샤워를 하고 있다.
8. Roy는 과일을 좀 먹고 있다.
9. Lena는 저녁 식사를 하고 있다.
10. 나는 저녁 식사를 하고 있다.
11. Roy는 TV를 보고 있다.
12. Lena는 설거지하고 있다.

✎ 듣고 받아쓰기

1. We are <u>drawing</u> big circles.
2. Ellen is <u>baking</u> some bread now.
3. The woman is <u>waiting</u> for her daughter.
4. They are <u>listening</u> to music.
5. An elephant is <u>eating</u> some apples.
6. A bird is <u>singing</u> on the tree.
7. The train is <u>arriving</u> at the station.
8. He is <u>writing</u> something on the paper.
9. Roy is <u>reading</u> a book.
10. Lena is <u>doing</u> the dishes.

DAY 21　현재진행형 부정문 / 현재진행형 의문문

Step 1

1. are not working　**2.** Are you wearing
3. are not drinking　**4.** is not singing
5. Are those buses arriving　**6.** Is he packing
7. aren't buying　**8.** Are the students going
9. the woman making　**10.** are not sitting

Step 2

1. Is Brian swimming　**2.** Are you taking
3. Yes, is　**4.** Is, driving, is
5. Are, waiting, Yes　**6.** taking, Yes, she is
7. Is it, it's not 또는 it isn't
8. listening, are not　**9.** Is, catching, isn't

Step 3

1. A: Is, studying
　　B: is
2. A: Is, having
　　B: she isn't
3. A: Is, working
　　B: No
4. A: drinking
　　B: isn't
5. A: Are, drinking
　　B: Yes, they
6. A: Is, practicing
　　B: she is
7. A: Is, having
　　B: Yes, is
8. A: taking
　　B: he isn't

해석

1. A: Jenny는 9시 30분에 영어를 공부하고 있니?
　 B: 응, 그래.
2. A: Jenny의 어머니는 9시 30분에 아침식사를 하고 계시니?
　 B: 아니, 그렇지 않아.
3. A: Jenny의 아버지는 9시 30분에 그의 방에서 일하고 계시니?
　 B: 아니, 그렇지 않아.
4. A: Jenny는 10시 45분에 커피를 마시고 있니?
　 B: 아니, 그렇지 않아.
5. A: Jenny의 부모님은 10시 45분에 커피를 마시고 계시니?
　 B: 응, 그래.
6. A: Jenny는 11시 50분에 배드민턴을 연습하고 있니?
　 B: 응, 그래.
7. A: Jenny의 어머니는 11시 50분에 점심 식사를 하고 계시니?
　 B: 응, 그래.
8. A: Jenny의 아버지는 11시 50분에 휴식을 취하고 계시니?
　 B: 아니, 그렇지 않아.

✎ 듣고 받아쓰기

1. You are not <u>working</u> for the company.
2. Is he <u>packing</u> his bag for a picnic?
3. They aren't <u>buying</u> any vegetables.
4. <u>Are</u> the students <u>going</u> to the theater?
5. Is your mother <u>driving</u> carefully?
6. <u>Is</u> it <u>raining</u> a lot?
7. Are the boys <u>listening</u> to the same music?
8. Is that bird <u>catching</u> an insect?
9. <u>Are</u> Jenny's parents <u>drinking</u> coffee at 10:45?
10. Is Jenny's father <u>taking a break</u> at 11:50?

Step 1

1. behind   **2.** along   **3.** in front of
4. above   **5.** between   **6.** around
7. next to   **8.** on   **9.** up
10. behind

Step 2

1. ○   **2.** ○   **3.** ✕ → between   **4.** ✕ → on
5. ✕ → through   **6.** ✕ → out of   **7.** ○
8. ✕ → into   **9.** ○   **10.** ✕ → down

Step 3

1. on the desk
2. in the drawer
3. next to the bookshelf
4. between the clock and the window
5. on the bed
6. in the basket
7. next to the table

해석

1. 컴퓨터가 책상 위에 있다.
2. 열쇠 몇 개가 서랍 안에 있다.
3. 나의 가방이 책꽂이 옆에 있다.
4. 아름다운 그림이 시계와 창문 사이에 있다.
5. 인형이 침대 위에 있다.
6. 가위가 바구니 안에 있다.
7. 바이올린이 테이블 옆에 있다.

✏️ 듣고 받아쓰기

1. A black car is <u>behind</u> their house.
2. She is standing <u>in front of</u> your house.
3. An airplane is flying <u>above</u> the clouds.
4. Is my watch <u>on the desk</u>?
5. Some women are going <u>up</u> the stairs.
6. Is Noah sleeping <u>on the sofa</u>?
7. Don't jump <u>into the water</u>. It's so deep.
8. A baby is sleeping <u>between</u> cats.
9. My bag is <u>next to</u> the bookshelf.
10. The scissors are <u>in the basket</u>.

Step 1

1. at   **2.** with   **3.** with   **4.** on   **5.** at
6. in   **7.** after   **8.** for   **9.** by   **10.** about

Step 2

1. in February   **2.** on July 10th[tenth]
3. in Autumn   **4.** on Christmas Day
5. by bike   **6.** about whales
7. after dinner   **8.** at midnight
9. in 2026   **10.** in the afternoon

Step 3

1. in   **2.** on   **3.** at   **4.** on   **5.** in
6. at   **7.** in   **8.** on   **9.** at

해석

1. 제 생일은 3월에 있습니다.
2. 저는 3월 12일에 파티를 합니다.
3. 파티는 오후 5시에 시작합니다.
4. 토요일에 만나요.
5. 우리 학교 축제는 4월에 있습니다.
6. 축제는 오후 6시에 끝납니다.
7. 우리는 오후에 댄스 대회를 합니다.
8. 우리는 일요일에 어린이날 행사를 합니다.
9. 행사는 오전 10시에 시작합니다. Central 공원에서 만나요.

✏️ 듣고 받아쓰기

1. Please cut the cake <u>with</u> this knife.
2. We visit India <u>on</u> April 10th.
3. Does your uncle <u>live in</u> London?
4. You can go there <u>by ship</u>.
5. Nancy has a party <u>on July 10th[tenth]</u>.
6. People don't know much <u>about</u> whales.
7. The bus doesn't run <u>at midnight</u>.
8. See you <u>on Saturday</u>.
9. The festival finishes <u>at 6</u> p.m.
10. The events starts <u>at 10</u> a.m.

초등영문법 문장의 원리

Level 2

메가스터디BOOKS

내용 문의 02-6984-6908 | 구입 문의 02-6984-6868,9 | www.megastudybooks.com